照心講座

古教、心を照らす
心、古教を照らす

安岡正篤
Masahiro Yasuoka

致知出版社

まえがき

本書は、『活学講座』、『洗心講座』に続く第三巻『照心講座』として今般出版されたが、その第四章に「三国志と青年」が収録されており、冒頭若干の感想を述べておきたい。

士別三日即更刮目相待
（士別れて三日すなわち刮目して相待つ）

私が所蔵している数少ない父の墨蹟《ぼくせき》のひとつである。
「有為な人物というものは、別れて三日後にはお互い目をカッと見開いてその成長を待とう」
という意味である。

三国時代、呉の武将で豪傑ではあったが、いささか無学といわれていた呂蒙《りょもう》に、名将の誉れ高かった魯粛《ろしゅく》が「すこしは学問をしているか」と冷やかした言葉を投げかけた時に呂蒙が答えた言葉である。父の大変好きな言葉であるが、とくに「刮目相待」の四字は、よく色紙に書いており、私が日常使っている文箱の蓋にも書かれている。

父の学問の骨格は人物学とも帝王学ともいわれるが、昭和三十五年に再版した『王陽明研究』の「新序」で、大略次のように語っている。

「高等学校や大学時代、精神的要求から、悶々として西洋近代の社会科学から、宗教・哲学・文学などの書を貪り読んだ。しかしどうも不満や焦燥の念に駆られ、深い内心の持敬や安立に役立たず、いつのまにかやはり少年の頃から親しんだ東洋先哲の書に返るのであった。爾来《じらい》私は自分の内心に強く響く、自分の生命・情熱・霊魂を揺り動かすような文献を探究し、遍参《へんさん》した。特に歴史的社会的に背骨ができたように思えたのは史記と資治通鑑を読破したことであった」

『史記』をはじめ史書には治乱興亡の時代の壮大な人間ドラマが綴《つづ》られており、そこに登場する傑物・達人の生き様に、父は大きな精神的な感化を受けたのであろう。中国古典を学ぶことは『論語』や『孟子』などの経書によって己とは何かを反省し、内面的充実をはかって人間形成を体得することと、『史記』や『十八史略』などの史書を読んで、中国四千年ともいわれる時代を生き抜いた人物像を学ぶことで、今の時代に生きるわれわれに人間学を身につける意義について大きな示唆を与えてくれる。

ところで本書には、「古教、心を照らす　心、古教を照らす」と副題がつけられている。これは鎌倉時代の禅僧虎関禅師の言葉である。父はこの意味について、「本に読まれるのではなく、自分が主体となって読む。これが真の活学というものだ」と語っている。

親子の情の世界に浸っていた子として客観的に父の学問・思想を究しく語るには無力であることを恥じ入っているが、本書を含め前二巻をそれこそ活読・活学されて、安岡教学の真髄を汲みとって大きな道標としていただければ幸甚である。

本書をもって「安岡正篤『人間学講話』」シリーズ刊行は三冊目となるが、今回、特に昭和二十六年の第一回から、同講座の世話人をつとめられた伊與田覺氏の「先哲講座の回顧」と題する一文を載せていただいたことに深甚の敬意を表する次第である。

最後に、本書をはじめ活学三部作の刊行にあたって致知出版社の藤尾秀昭社長のご熱意と制作取りまとめに力を添えていただいた専務取締役柳澤まり子編集部長と髙井真人編集部員には心から深甚の感謝を申し上げる。

平成二十二年十一月

財団法人郷学研修所・安岡正篤記念館

理事長　安岡　正泰

照心講座——目次

装　幀——川上成夫
編集協力——柏木孝之

王陽明の人と学

——抜本塞源論を中心として——

其の一

（先哲講座）

何故陽明学が流行するのか

近頃陽明学というものが新たに世の注意を惹《ひ》き、人々の話題を賑《にぎ》わせておりまして、ジャーナリズムも、マスコミも盛んにこれを取り上げて、一層その流行を刺戟《しげき》致しております。それで私なども、思いもかけぬところで、思いもかけぬ人から、陽明について尋ねられることも珍しくありません。少し前にやはり禅がはやりまして、これは国内ばかりでなく、ヨーロッパ・アメリカに及んで、殊《こと》にビートルズとか、ヒッピーとか、いった連中にまでもてはやされたことがありますが、丁度陽明学がその後を継いでおるような恰好《かっこう》になって来ておるわけであります。

然《しか》し世の流行とか、話題とか、というものに乗るようになりますと――最近特にその傾向がひどいのでありますが——兎角《とかく》物事の真を失う嫌いがある、甚《はなは》だしきは真を誤ることとすら少なくありません。陽明学もそうであります。そこで陽明学の啓蒙と申しますか、正しい陽明学とはどういうものであるか、ということをお話ししておくのも時宜《じぎ》を得たことではないかと考えまして、これを取り上げることに致したわけであります。

と申しましても、それにはやはり文献を渉猟《しょうりょう》することが大事でありまして、陽明学を知ろうと思えば、先ず以て陽明その人の言論・文章を研究しなければならない。それでなければ一場の耳学問、一場の断片的な話の種に終ってしまう。そこで取り敢《あ》えず、この時局に最も適切と思われる抜本塞源《そくげん》論を採り上げて、その緒口《いとぐち》を取り出すことに致したいと思います。

大体禅や陽明学が思わぬ世間の流行問題になるというのはどうしたことであるか。現象面だけを見ておりますと、いかにも浮薄・軽薄であります。けれども何事によらず真面目に冷静に観察しますと、やはりそこにはそれだけの意味もあり、原因もあるわけでありまして、単に流行であるからと言って好い加減に取り扱うことはできないのであります。そこでその因縁、理由・原因といったものを二つ三つ考えてみたいと思います。

民族の良心の呵責

先ず考えられますことの一つは、何と言ってもこの今日の時局が、それだけ緊迫してきたと言うか、深刻になって、もう今までの様な好い加減なことでは済まなくなってきた、少なくとも気分がおさまらなくなってきた、ということを見逃すことができないと思うのであります。

確かに今の日本は、一つの流行語で申しますと、深刻なスタシス stasis というものにはいっておる。スタシスという語は、まだ日本では余り用いられておりませんが、ヨーロッパや、殊にアメリカ等に於《おい》ては、専門家の間の一つの時代用語・流行用語になっております。元来は中世の哲学用語でありまして、現在ではステイシスと発音しておるようでありますが、これは一つの変化の微妙な状態、変化の危機というような意味であります。

最近識者の間に注意を惹いておりますアメリカ・コーネル大学のアンドルー・ハッカーという教授が、アメリカの現代文明、その市民生活を検討して、『アメリカ時代の終焉』という本を書いております。

彼はその中でアメリカはかつて人類の歴史に類のないくらいの物質的・経済的繁栄に恵まれて、世界に時めいたのであるが、意外に早く型の如く頽廃《たいはい》して、今やどうにも取り返しのつかぬ状態になっておる、ということを痛切に観察し、指摘すると共に、この危機を救うには余程真剣な規律と犠牲の精神を要するが、果して現代のアメリカ人はそういう努力に耐えられるかどうか。アメリカにとって悪いことは、歴史的にヨーロッパ諸国民のような治乱興亡といった深刻な、真剣味を要する体験をしていないということである。

又ワシントンやジェファーソンといった建国当時の人々のような、或は南北戦争のリンカーンの時代の人々の様な、真剣な生活・精神・努力を全く知らない。殊に若い世代の市民程そうであって、彼等の知っておるのは成功と繁栄に伴なう享楽だけである。言わば苦労を知らない良家の軽薄な子女の如き状態にあるわけで、今更規律だの、犠牲だの、精神だの、というようなことを言ったところでなかなか通じない。だからもう今日のアメリカは、このスタシスを乗り切るどころか、光栄ある過去の歴史の終末に達しておる、と言うても少しも過言ではない。とまあ、こういうことを実に痛切に論じておるわけであります。

この本はアメリカに対する警告の書でありますが、読んでおると、もう痛いくらいにアメリカのことではなくて日本のことだ、という感じがするのであります。最近この様な、現代の危機を率直に指摘し、将来を深刻に憂慮する警世・憂世の、憂国・憂民の議論や著書が随分多く出まして、日本にもそれらの翻訳が陸続《りくぞく》として現れております。中には『人類最後の日の記録』、といった無気味な書物まで出ておるのでありますが、こういうものが広く読まれるというのは、やはり日本民族の良心の呵責《かしやく》と言うか、苦痛の声であると考えられぬこともない。今、東京の「照心講座」で呂新吾（一名心吾）の『呻吟語』を講じておりますが、そういう書物はみな現代の呻吟語であると言うても宜しい。

抜本塞源論も亦《また》その通りでありまして、現代のこういうスタシスに当って、正にそのままわれわれにひびく、又うったえる。そうしてわれわれをして深刻に真剣な反省に導いてくれる、これは名論であります。

文明の中毒現象

世間では陽明学と言うと、すぐ革命的な思想・学問、世紀末的な暴動・叛乱《はんらん》の論拠になる学問、又陽明はその典型的な人物である、という風に考える。従ってこれは、信奉する側から言えば革命の書・思想であり、反対する側から言えば危険な人物・学問である、ということになるわけで、そういう考え方・議論が殆《ほとん》ど常識の様になっております。

これは取るに足らぬ浮薄なことでありますけれども、しかしそれはそれで大いに理由はある。と言うのは時代や人心が頽廃して参りますと、人間には心理、従って良心というものがありますから、必ず警醒自覚の思想・学問・言論が興ってくる。丁度それは生命と同じことでありまして、人間の生命には深い神秘な理法、所謂《いわゆる》生理というものがありますから、健康が衰えて参りますと、必ず生命が身体に警告を発します。これが病気であり、死に通じる。

ところがわれわれの生命を営んでおる、身体を構成しておる細胞は、元来インモータル、不死なるものでありまして、それが何故死ぬのかと言うと、大要二つの原因がある。一つは、或る程度以上の怪我をするからであり、もう一つは、細胞が自家中毒を起こすからである。そのために不死なるべき生命・身体が死滅するのです。

これは中毒の中の一字を見ればよくわかります。中とは、文字学の上から言うと、相対立するものを統一して、より高いところへすすむという意味で、その代表が中庸です。

『中庸』に「時中」という語がある。又『論語』にも「君子時中」と言うてある。

これも前に講義しましたように、時々中すと解釈しては間違いでありまして、従って「時に中す」とか、或は「時中《これ》す」などと訳して読むか、そのまま音で「時中《じ》」と読んだ方がはるかに宜しい。

人間はいろいろの現実の活動を営むうちに、必ずそこから進化と同時に中毒が始まる、つまりあたるわけです。生きんとして生きることにあたる。中毒は影の形に伴なうが如く生に伴なうものでありまして、従って生の作用が活潑であればあるほど、中毒も亦活潑である。

例えば、栄養に富んだ食物、贅沢な食物を摂取することは、元来は大層よいことなのだけれども、だんだん続けておるうちに、必ずそのために中毒する。或は金を持つ、地位を持つ、権力を持つ、という様なことは皆これ人間としての生命の発展であるが、同時にそういう富貴栄達には必ず強い中毒性が伴なうものであります。

文明も亦そうでありまして、民族は苦労して文明を発達させ、その発達させた文明のために自家中毒して滅亡する。それを繰り返してきたのが世界の民族の歴史であります。だから民族の歴史・文明史は同時にその没落史でもある。

第一次大戦の時に已《すで》にドイツのシュペングラーが、このことを指摘し、力説して、名高い『西洋の没落――没みゆく黄昏の国』という書物を著わし、洛陽ならぬ世界の紙価を高らしめました。又第二次大戦に際してはイギリスのトインビー教授が、『歴史の研究』という大著を書いて、シュペングラーと本義に於て全く同じ見解を示しております。

確かに現代は過去に較べて未曽有の科学技術・工業文明を発達させました。しかもそれが未曽有の発達であるだけに、中毒現象も亦かつてない大きなものがありまして、このまま進めば人類の滅亡か、少なくとも近代工業文明諸民族は没落する、とまで論ぜられる様になってきておる。そうしてこれは単にヨーロッパやアメリカの問題ではなくて、そのまま日本の大問題になってきておるのであります。

と言ってもこれは決して昨今の現象ではないのでありまして、識者はつとにもういろいろの面から警告して来たことであります。例えば、この講座でもたびたび触れたことでありますが、終戦直後、ルーマニアのゲオルギウーという作家は『二十五時』という小説を出しました。

一日は二十四時間でありますから、二十五時ならば午前一時と言うべきであるのに、それを何故二十五時と言うのか。これは午前一時と言えば、やがて午前四時、五時となって、即ち夜が明ける。つまり午前一時は暁、朝の光を待つことができるという意味。ところが終戦の今日はもうその夜明けが来ない、永遠の暗黒である。そこで午前一時ではなくて二十五時とつけた。その内容は、直接には共産革命による支配、その次には近代文明による社会的・心理的変化を挙げて、近代科学技術文明の運命を論じておる。

危機を救う警醒・自覚の学問

これはヨーロッパ・アメリカに大変な反響を生み、やがて日本にも伝わって、一時随分愛読されました。けれども、今の日本はそんな話どころではない、兎に角経済復興である、所得倍増である、ということでその方面に血道を上げ、その結果、日本には二十五時どころか、輝かしき暁が訪れたのである、ということになって大いに繁栄の謳歌が始まったのであります。

ところが間もなく気がついてみると、いつの間にか、おやっ、というスタシスになっておった。栄枯盛衰というものはかくもあわただしいものか、とつくづく感ぜざるを得ないのであります。

そこで世界民族の栄枯盛衰の歴史・興亡の歴史の中に存する卓見、活眼の士の心をこめた著書などを読んでみますと、本当に感慨無量なるものがあります。と同時にそういう変化・変革の歴史の迹を辿ってみると、文明頽廃の時代、民族堕落の時代には必ず何等かの良心・良知の光が、思想・学問が興っておる、ということを知るのであります。

だから今日この文明の頽廃、文明民族の堕落に対しても、当然何等かの良心・良知の光が、時代に相応《ふさわ》しい思想・学問が興って来なければならないわけでありまして、それがわが日本に於ては、やや感傷的、或は病的な議論や流行になって、いち早く陽明学というようなものも問題になっておる、とこう考えられると思います。

特色ある明の時代

陽明は明代後半期の人でありますが、明という時代は支那の歴史を通じて著しく特色のある時代であります。そもそもその明朝を開いた太祖の朱元璋《しゅげんしょう》がそうでありまして、彼は全く一介の野人から身を起こして天下を取ったものである。

これは支那二十四史二十五史と言われる栄枯盛衰興亡の歴史を通じてみても、本当に珍しいことでありまして、革命建設の英雄と言われる様な人物で、一介の野人から起こっておる者は極めて少ない。よく漢の高祖などその筆頭に挙げられますが、これは田舎の村長格といったところで、大体に於て野人には違いないけれども、まだ朱元璋に較べればましである。

朱元璋は日本で言えば、丁度豊臣秀吉に似たりよったりの様なものでありまして、全く貧農の出身である。そうして田舎の皇覚寺という貧乏寺の小僧にやられて、細々と暮しておったのですから、極端に言えば、山寺の乞食坊主上がりと言うて宜しい。

その貧乏寺におる時に、支那の乱世・変革の時代につきものの宗教匪賊《ひぞく》、所謂教匪《きょうひ》というものが起こった。これが世に言う紅巾《こうきん》の賊でありまして、一時その勢は猖獗《しょうけつ》を極め、世の中を非常な動乱に陥れた。

朱元璋はその紅巾の賊に身を投じ、そこからたたき上げて、終《つい》に天下を取って皇帝の位についたわけであります。それで彼も最初は、自分は名もない卑しい出身であるから、教養もなければ、学問もない、このままで天下に王たるは如何《いか》にも口惜しい、恥ずかしい、というので真剣に師につき、書を読み、道を修めて、孜々《しし》として学んでおる。その志は甚だ立派であった。従って教学、文化の上に大きな貢献をしております。

しかしだんだん成功するにつれて弛《ゆる》みが出て来た。弛みが出てくると、どうしても地金《じがね》が出る。これは人間の情けないところでありまして、言わば一種の成功に伴なう中毒現象です。そして先ず第一に、自分の座を保つことに大きな不安を持つ様になった。そうなると疑い深くなる。共に苦労をして来た宿将・功臣も、さて功成り名遂げてみると、心配で仕方がない。後は惨憺《さんたん》たる粛清であります。

これは古今奸雄《かんゆう》のその揆《き》を同じうするものでありまして、明の太祖も亦その例外ではなかった。今日、毛沢東のやっておることを見ておりますと、その手口が実によく太祖に似ておるのでありますが、もう本当に惨憺たる粛清を演じております。

挙句の果は、漢・唐以来最も権威のあった大臣・宰相まで信じられなくなり、とうとうこれを廃《や》めて、専《もっぱ》ら自分の言うことを聞き、又自分の意志を権威を以て国民に発表できる学者・大学士を重用して、これに替えてしまった。そうして型の如く秘密警察・特高警察のようなものをつくって、ほしいままに嫌疑をかけては逮捕・監禁し、或は殺戮《さつりく》しておるのであります。

従って晩年は悲惨な運命を辿るわけでありますが、それでも運よく無事に死ぬことができた。その代わり後を継いで二世皇帝になるべき長男が夭死《わかじに》して、まだいたいけなその子供、太祖から言えば嫡孫《ちゃくそん》が後をとらねばならなくなった。然もその彼が目の中に入れても痛くないほど可愛がった孫の二世皇帝も、太祖の第四番目の伜《せがれ》で、燕京《えんけい》（北京）に封ぜられておった燕王棣《てい》によって追放されるのであります。これが有名な第三代の成祖永楽大帝であります。

身心の学

まあ、それは兎も角として、大臣・宰相を廃止したために、いつの間にか皇帝側近のご用聞き・御用人、つまり宮内官・宦官《かんがん》が巾《はば》を利かすようになり、次第に衰退を辿るわけでありますが、王陽明はその中期の、やや小康を得ておる時に現われておる。しかし、やがて再び天下が物情騒然となって参りまして、陽明はその中にあって、出でては匪賊《ひぞく》や親藩の叛乱鎮定に当り、入っては宮廷の宦官・奸臣《かんしん》達の迫害を受けながら、敢然として正学を主張したのであります。

しかもその学問・教育は実務の間、或は叛乱鎮定の帷幕《いばく》の中でやっておる。所謂活学をやっておるのであります。

当時すでに思想界・学界は型の如く沈滞し、曲学阿世《きょくがくあせい》が流行して、学問・教育は殆ど資格を取るための試験勉強であった。つまり官吏登庸《とうよう》試験の科挙に合格するための、立身出世のための功利的学問、暗記型の生命のない主知的学問、或は文を作ったり、詩を作ったりする遊戯的・技術的学問に堕してしまっておったわけであります。陽明はそういう中にあって厳として、失われた道徳を回復する、真の人格をつくってゆく、という意味で真の聖賢の学問、身心の学を講じたのであります。

しかも彼の場合、若い時から肺病に罹《かか》っておりましたから、文字通り病軀《びょうく》を押して血を吐き吐き、あれだけの事績・功業を立てたのであり、学問も単なる机上の学問ではなくて、身を以て行じておるのであります。

従って当時の因習的な学問・教育から言うと、彼の学風は正に革命的なものであった。と言っても決してそれは今日で言うところの革命とか、反体制であるとか、或は戦闘的であるとか、いうようなものとは全く意味・内容が違うのでありまして、それが浅薄に世に伝えられて、あられもない陽明観・陽明学が流行になりつつあるのは、誠に苦々しいと言うか、危ういと言うか、これは余程真剣に反省し、又是正しなければならない問題だと思うのであります。

伝習録中の傑作・抜本塞源論《ばっぽんそくげんろん》

さて、陽明の教学を最もよく代表するものは、何と言っても『伝習録』であります。伝習録は陽明の弟子たちが三回に亘《わた》って編纂したもので、第一回・第二回で今日伝わる上巻・中巻ができ、第三回目に下巻ができたのでありますが、これは陽明が亡くなってからであります。わが日本では徳川時代になって、三輪執斎《しっさい》や佐藤一斎といった人々によって普及したのでありまして、幕末・明治維新に際しては、『近思録』と竝《なら》んで日本の知識人、特に志士・学者達に大きな影響を与えたのであります。

その伝習録の中巻に「顧東橋《ことうきょう》に答ふる書」というのがありまして、これが所謂「抜本塞源論《ばっぽんそくげんろん》」というものであります。

顧東橋は古来風流の地として知られる蘇州の人でありまして、元来は詩人であり、どちらかと言うと、朱子学派に属する人でありますが、本文はその顧東橋の質問に答えられたもので、最後に結論とも言うべきものが書かれてある。これは誠に堂々たる文章でありまして、天下の名論、伝習録中の傑作として、古今に有名なものであります。

抜本塞源とは、これは今日の時代も同じことでありますが、こういう頽廃・混乱の時世になると、徒《いたず》らに枝葉末節にこだわって論じ合っておっても、何にもならない。それよりも先ず病弊の由《よ》って来たる根本を抜いて、その源を塞《ふさ》ぐことを考えねばならぬという意味であります。

陽明はそのために、何が時代の病弊の本源であるか、ということを厳しく観察し議論して、結局人間は、人や物によって、他によって、平たい言葉で言えば、他人の褌《ふんどし》で相撲を取ろうという様な、安易な、功利的な考えを捨てて、かなわずと雖《いえど》も自から奮発して、身を以て事に当るより外にない、ということを力説しておるのであります。そうして最後に「夫《そ》の豪傑の士待つ所無くして興る者に非ずんば、吾れ誰と與《とも》にか望まんや」と言って結んでおる。

これが所謂猶興の豪傑というものであります。他人は如何にもあれ、俺は俺でやるのだという人物が出て来なければ、到底世の中は救われない。

現代の抜本塞源論

そういう意味で今日の識者・警世家といった人達の議論も、一言にして言うならば、今日の抜本塞源論に外ならない。みなこの現代の頽廃・堕落の由って来たる根本を引抜いて、その源を塞がねば駄目だ、と時世に徴して論じておるのです。

然しアンドルー・ハッカーが、アメリカの現代文明・市民生活を論じて、これを救うことは非常に難しいと言うておるように、もう今日は単なる空論ではどうにもならぬところへ来ております。従って陽明の言うように、俺は俺で自分にできることをやるより外にない。この結論は世界中どこへ持って行っても、いつの時代にも通ずることであります。われわれが多年一灯照隅行を提唱しておるのも、言い換えればこのことであります。これより外に救う道はない。

いくらビラを何千枚、何万枚撒《ま》いても、演説会を開いて大衆にうったえても、何の意味・効果もないとは言いませんけれど、決してそれだけでは改まらない。それも篤志家が自分の信念や熱情でやるのであれば、まだ効果があるけれども、そういうことを商売にしたり、仕事にしたりしてやるのは、いくら表面は華やかに見えても、とりとめもないものです。

この本源を別の意味に於てやかましく論じておる現代の一番有名な人は、オルテガです。オルテガは縷々《るる》何万言を費やして、いろいろの論説を書いておりますが、その中に『大衆の反逆』という本がある。この今日の救いようのないように思われる世紀末的文明の頽廃を救うには、末梢的煩瑣《はんさ》・過剰を去って、根源の簡素に返らなければならぬというのであります。陽明の「本を抜き、源を塞ぐ」、というのと事実は同じことであります。そういうことを思い出しながら抜本塞源論をしみじみ味わいますと、無限に連想せしめるものがあります。

陽明は今から五百年前の九月三十日に生まれておりまして、従って今年は丁度生誕五百年に当ります。東洋では普通没後何年と言って記念するのでありますが、近頃は西洋流の生誕何年を記念する風がはやって参りまして、台湾でも今年は生誕五百年を盛大に記念しようという企画があるようであります。

日本でもその五百年を期して、陽明の今迄余り出版されたことのない文献を全十二巻に編纂して刊行しようという計画がなされまして、この程漸《ようや》くその緒につきました。私も第一巻の巻頭に載せる陽明の伝記を依頼されまして、昼夜兼行で三百枚ばかり書き上げたところであります。それでいささか健康を害しましたけれども、久し振りに楽しい努力を致しまして、その温もりがまだ醒めておりませんだけに、陽明については限り無く語るべきものがあり、又一層感興が横溢《おういつ》する次第でありま す。

変化と波瀾に富んだ一生

古来、偉大なる人物と言われる人は数知れずありますが、凡《およ》そ陽明の如き変化と波瀾に富んだ生涯を送った人はちょっと外に例がない。正に数奇なる生涯という言葉そのままの一生であります。

又、彼の性格そのものが限りない複雑性・多様性を持っております。これは多分に遺伝的なものでありまして、陽明の代々の先祖を辿ってゆきますと、本当に様々の人材が出ております。例えばお父さんという人は、あの難しい進士の試験に第一等で及第して、最後は大臣格までなった人ですが、実に謹厳篤学で、典型的な士君子であります。お祖父《じい》さんの方はどうかと言うと、どこか豪傑肌のところがあって、洒々落々《しゃしゃらくらく》、誠に拘泥《こうでい》のない、どちらかと言うと、老荘的とさえ考えられる風流逸人といった人であります。

陽明の伝記を調べておりますと、そういう祖先の複雑な遺伝性が随所に窺《うかが》われるのでありまして、今日の流行言葉で言いますと、バラィエティとか、ダイバーシティに富んでおる。然もこういう性格はどうかすると散漫になるものでありますが、陽明に於てはそういうところが全くない、本当に学問・修養によって渾然《こんぜん》と統一され、練り上げられておる。そこに学べば学ぶほど、研究すればするほど、尽きざる妙味があるわけであります。

反面、陽明は、先に申しましたように、若い頃からどちらかと言うと健康でなく、その上肺を病んで、苦しい闘病の生涯を送ったのであります。抑々《そもそも》は彼が朝廷の命で同郷出身の名将軍の墓を築造した時に、馬から落ちて胸を打ったためだと言われておるのですが、兎に角そのために血を吐き吐き、熱に苦しみ、咳にむせぶ生活が終生続いておるのであります。

こういう場合大抵は、どこか山紫水明の地に病を養うて、そうして勉強をするとか、著述をするとか、というのが普通でありまして、これは洋の東西を問わず昔から学者や文人に有りがちなことであります。ところが陽明はそういう世間一般の生き方とは全く反対に、病軀を以て官途についておる。

しかも任官劈頭《へきとう》、当時朝廷に於て最も権力のあった宦官上がりの劉瑾《りゆうきん》と衝突しまして、――その劉瑾というのが又成り上がり者に有り勝ちな極めて陰険辛辣《しんらつ》な男で、そのために投獄され、又貴州の竜場という、雲南の先のそれこそ思い切った僻地《へきち》に流されるわけです。

竜場は僻地と言っても、全くの蕃地《ばんち》でありまして、土民の如きはただ人間の恰好をしたというだけの、オランウータンやチンパンジーの様な動物を想わせるものであった。そこでの陽明の仕事は先ず木を伐《き》って小屋を建てることであった。そうしてやがてその地方出身の役人連中に学を講じ始め、次第に土民を教化して、これを悦服させ、苦修の中に徳化の実を挙げたのであります。

やがて権奸も没落し、彼は漸く中央政府に喚《よ》び返されることができました。そうして京に帰った陽明は、流謫《るたく》の間に命懸けの修養・思索によって得たところの信念、又その学問・見識を縁のある人々に講じ始めたわけであります。

しかも忽《たちま》ち当時の因習的・職業的ご用学者達の反感・憎悪を招いて、紛々たる毀《き》誉褒貶《よほうへん》を浴びるのですけれども、彼はそういうことに対して何の屈託もなく超然として、一箇半箇共鳴する人々の間に次第に自分の信念・学問を広げて行ったのであります。

非凡なるがゆえの迫害

しかし、それも長くは続かなかった。やがて又宦官を中心とする支配階級から異端視され、迫害を受けて、今度は湖南に起こった土賊の叛乱鎮定に派遣された。ここでも彼は、惨憺たる討伐の戦いの中にあって、弟子と絶えず書を読み、学を講じ、到るところ土民の主たる者をも傾倒させ、見事に匪賊を平げて、その地方を鎮定したのであります。

しかし、その非凡な手腕・業績が益々中央の嫉妬やら猜疑《さいぎ》やらを生みまして、丁度その時に起こりました親藩の、南昌《なんしょう》に封ぜられておりました寧王宸濠《ねいおうしんごう》の叛乱の鎮定を命ぜられた。ここでも彼は、普通ならばこの時に叛乱の犠牲になって死んでおるところでありますが、彼の非凡なる識見とその迅速果敢なる処置によって、凡そ読書人・学者・教育者とは思えない見事な作戦と戦闘によって、それこそ史上稀《まれ》なる戦績を挙げ、忽ちのうちにこれを鎮定したのであります。

だが、そういう輝かしい戦績・業績を挙げれば挙げるほど、いよいよ朝廷側の猜疑や嫉妬が激しくなりまして、ありとあらゆる迫害を受けるのです。けれどもさすがに朝廷や宦官の中にも、陽明に心から敬服して、ひそかに心を通ずる者が出て参りまして、そのためにしばしば危いところを救われ、無事に難境を切り抜けることができました。

そうして結局、その輝く戦績に対して報われたものは、故郷に帰って優悠《ゆうゆう》自適するという、功利的に言うならば、実に無道な待遇であったわけであります。

しかも彼はそれを心から喜んで、その不遇の間に故郷の人々に盛んに学を講じて行った。その頃から陽明の学問・人物に心酔する者が続出するようになり、更にそういう人々が次から次へと同志を広めて、やがて陽明の学問・教育が大きく時代を動かすようになります。けれどもその故郷での優悠自適の生活も又々長くは続かなかった。それは、間もなく広東・広西を中心とする南支の瘴癘《しょうれい》の地に内乱が起こりまして、彼はその鎮定のために派遣されることになったからであります。

けれどももうその頃は病がいよいよ重くなっていて、とても叛乱討伐といった激務に耐えられる状態ではなかった。それで彼は陳上書を奉《たてまつ》って、派遣を断っております。それを読むと、自分は肺を病んで、しじゅう血を吐き、咳に悩まされて、咳き込では気絶し、久しうして辛ろうじて甦るといった状態であるから、とても内乱の鎮定・匪賊の討伐など思いも及ばぬ、と実に卒読するに忍びない言葉で綴《つづ》られておる。

けれどもそれでも許されず、終に鎮撫使《ちんぶし》として事に当らざるを得なかった。ここでも彼は歴史に例のないような治績・戦績を挙げて、到るところ殆ど神格視される程の敬慕・崇敬を受けておる。しかし――これまでよく持ったと思うのですが――さすがにそこに至っては彼の生命の焔《ほのお》も尽きたものと見えて、任務を果して故郷に帰り着く途中の船の中で永眠したのであります。時に五十七歳の秋十一月であった。

地上に於ける最も荘厳なる学問

「顧東橋に答ふる書」はそれより数年前、確か五十四歳の時であったと思いますが、匪賊の討伐に出陣する直前、故郷餘姚《よよう》の山紫水明の地で病を養いかたがた教学を楽しんだ際に、顧東橋の手紙に答えて所見を述べられたもので、その最後の一章が抜本塞源論であります。

よくもあの病軀を引っ提げて、あの艱難《かんなん》辛苦を極めた経歴の間にあれだけの学問・講学ができたものであります。彼の文を読み、詩を読み、門弟達との間に交わされた問答や書簡を読み、或は政治に対する建策、匪賊討伐の際の建白書といったものを読みますと、本当に何とも言えぬ感激に打たれるのでありまして、人間にこういう人がおるのか、又人間はこういう境地にあってこういうことができるものか、ということをしみじみ感じます。

それだけに、流行思想や評論の対象になるような人物でもなければ、学問・思想でもない、実に深刻で霊活《れいかつ》と言いますか、限り無い感激のこもったものである。正に地上に於ける最も荘厳なる学問であり、文章でありまして、これ以上の人物・業績・学問は考えられない、そういう気が致します。

一摑一掌血・一棒一條痕

その先生の人物・学問を最もよく表わす、感激のこもった言葉を一つ二つ挙げますと、例えば一摑一掌血《いつかくいちしょうけつ》・一棒一條痕《いちぼういちじょうこん》ということを言われております。

これはかつて先哲講座でお話ししたことでありますが、人間は一つの問題を把握したり、経験したりする時には、ふらふらした気持では駄目で、一度握ったら手形の血痕がつくくらいの、一本打ち込んだら生涯傷痕が残るくらいの、真剣で気合いのこもった、生命を懸けた取り組み方をしなければならないということです。

滴骨血

又、われわれの心に通ずる学問・修行というものは、滴骨血《てきこつけつ（てっこつけつ）》でなければならぬと言う。これは日本にはありませんが、支那では少なくとも六朝時代からある民間の伝承であります。

ご承知の様に支那という国は昔から内乱がつきものでありまして、従って墓などもしじゅう荒らされて、どれが自分の先祖のものであるかわからなくなる。そういう時に、これが自分の先祖のものだと思われる骨に自分の血を滴らせるわけです。そうすると、若《も》しそれが本当に自分の先祖のものであれば、血が骨に滲《し》み通るが、他人の骨であれば弾くと言う。

実に深刻な伝承でありますが、陽明は、われわれのお互い相伝える学問・修行も丁度それと同じことで、師は自分の血を弟子の骨に注ぎ込み、弟子は又それを弾かずに吸い込むもの、つまり学問・修行というものは心血を心骨に注ぐものであり、血を以て教え学ぶものであると言うわけです。これが陽明の所謂滴骨血の学問であります。

其の二

（昭和四十六年九月十八日・王陽明先生生誕五百年記念大会）

陽明学との出遇い

東京におりまして、日々何とも表わしようもない紛糾の中に明け暮れ、心を暗くしておったのでありますが、先程来穆々《ぼくぼく》たる古式の祭典に連らなり、又ご参会のみなさんに接して、文字通り感慨無量なるものを覚えます。

考えてみますと、私が陽明学という言葉を初めて知りましたのは、まだ小学校の幼少の頃でありました。当時生駒《いこま》に、みなさんもご承知の岡村閑翁《かんおう》先生がおいでになりまして、私の兄も教を受けておったのでありますが、その岡村先生が陽明学というものの大家であられる、ということを耳に致しましたのが、私が陽明学という言葉を知りました最初であります。

そして陽明学とは一体何だろう、と子供心に感じました。もとより何もわかろう筈がありません。ただこの言葉は何故か深く脳裡《のうり》にとどまりまして、今日の私の存在の一つの道標になったと思われるのであります。

縁というものは不思議なものでありまして、先年岡村先生が学を講ぜられました生駒の地に記念碑が建つことになりました節、はからずも土地の人々から、私に碑文を書けということで、謹んでお引受けし、又拙《つたな》いながらこれを書しまして、除幕式には兄（堀田真快高野山真言宗管長）と共に参列したのでありましたが、本当に人生というもの、人間というものは不可思議なものであります。

今日のこの王陽明先生、生誕五百年記念大会にしてもそうでありまして、配布されたパンフレットを見ますと、主催として関西師友協会を始め、各地師友会・藤樹書院・大塩中斎先生遺徳顕彰会等々たくさん名前が竝んでおりますが、そもそもこれらの人々によってこういう式典や講演が行われるということそのものが不思議でありまして、そこに何か神秘といった感すらするのであります。

さて、私はこの岡村先生が教学を残された土地を去って上京し、高等学校にはいりました時は第一次大戦の最中でありました。何分田舎の中学出の素朴な青年が、初めてと言ってよい様な西洋の学問に触れたのですから、しばらくの間はやれ論理だ、心理だ、哲学だ、法学だ、というようなものに夢中になって勉強しておりました。ところがそのうちに、何と申しますか、しばしば空腹とでも言うべき飢を精神的に感ずるのです。

そういう時に何ということなく殆ど偶然のように取り出すものが、常に少年時代に読んだ国典・漢籍でありました。そうすると丁度空腹の時に何か美味しい物を食べたような満足感を覚えました。一体これはどういうわけだろう、と自分でも考えたのでありますが、まだそれを解決する力はありませんでした。

ところが年を逐《お》うと共にその感じが一層深刻になりまして、どうやら西洋の学問・教学というものと、東洋のそれとの差違が少しずつわかるようになりますと、それにつれてますます真剣に中国や日本の先哲の学問・人物に心を傾けるようになりました。

そうして又新たに、今度は自発的に、陽明学とは一体何であるか、ということを考えまして、藤樹先生を初め有名な陽明学者と言われる人達のことを意識的に勉強し始めたのであります。が、何と言ってもその淵源は王陽明先生でありますから、その学問・人物を青年の純真な気持で本当に真剣に研究し始めました。これもやはり岡村先生のご縁というものが大きく活きたものであると信じております。

青年時代の記念塔「陽明学研究」

やがて私は陽明先生の学問・人物というものによって生涯消え去ることのない肝銘を与えられ、大学を出ます時には、自分のひそかな学問の記念として先生の伝を起草して置きたいと考えまして、一所懸命何百枚かの原稿を書き上げました。

ところがこれが又人間の不思議な縁というもので、かねて知己《ちき》の一人でありました出版家がこれを読み、是非一冊の書にして刊行しようと言ってくれまして、はからずも私が大学を出ますと同時に、『王陽明研究』として世に出ました。この書が又思いもかけず多くの人々に読まれまして、未だにそれが続いておるようでありま す。

当時の思い出としてこういう事もありました。まだ大学を出て間もない頃でありましたが、当時日本の海軍のみならず、心ある人々から畏敬と信望を一身に集めておりました、八代六郎海軍大将と相知ることができまして、一夜、食事を共にして話そうということで、お招きを受けてお宅へ伺ったことがあります。もうその頃は将軍は海軍大臣をやめられて、確か枢密顧問官をされておったかと思うのでありますが、なかなか博学熱烈の人で、しかも大変な酒豪でありましたから、いろいろ話がはずみまして、私もおこぼれを頂戴しながらそれを謹聴しておったわけでありま す。

そのうちにだんだん酔がまわって参りまして、ゆくりなくも話が陽明学になった。ところが滔々《とうとう》として講義されるのを承わっておりますと、どうも少し私の考えておるところと違う点がある。つい私も若気の至りで、〝将軍、先程来承わっておりましたが、少々異存がございます〟と言ってしまった。それで将軍も〝どこが異存だ〟というわけで、とうとう大変な議論になってしまいました。

そうしてたまたま私が手洗に立ちましたところが、廊下で奥さんが待っておられまして〝もう十二時を過ぎましたし、それにお酒も五本目が空きました。主人は若い時は独りで五升は平らげましたが、何と言っても近頃は年でございますから、今夜のところは一つお引き取り願いとうございます〟と言う。成る程時計を見ますと、確かに十二時を過ぎております。

私も恐縮して座に戻ると早々〝えらく今夜は失礼しました。この辺でお暇《いとま》しますʼʼと申しましたところが、将軍は睥睨《へいげい》一番〝逃げるか〟と言われるので、〝これはしたり〟と思いましたけれども、奥さんの手前居座るわけにも参りません。側から奥さんも仲にはいって〝あなた、何をおっしゃるのですか……〟というようなことでさすがの将軍も断念したと見えて、一週間後に再び会うということで別れました。

爾来《じらい》将軍並びに日本海軍と私との深い縁が結ばれたのでありまして、これも陽明学の取り持つ縁というものでありましょう。

縁尋の機妙

人間の縁の広がりによる働きの不可思議なことは到底浅はかな智慧《ちえ》では図り知るべからざるものがございます。これを専門的な言葉で縁尋《えんじん》の機妙と申します。例えば古本屋へ立ち寄ってもそうであります。平生勉強しておらなければ何も目につきませんが、何か真剣になって勉強しておる時には、何千冊並んでおっても、それに関連のある書物は必ずぱっと目にうつる。これが所謂縁尋というものです。

だからそれが目にはいらないというのは、自分が呆けておるか、真剣に勉強しておらない証拠である。これは事業をやるような場合でも同じことでありまして、誰か自分を助けてくれる者はおらぬか、と本気になって人材を求めておれば、いつか必ず誰かにぶっつかるものであります。だから一生友達を持たぬなどという人間は、余程の馬鹿か、鈍物でありまして、これは真剣に生きておらない一つの証拠であります。

今度明徳出版から刊行される陽明学大系十二巻にしてもそうでありまして、これを計画した時は全く生誕五百年などということは意識しておらなかったのですけれども、それこそ縁尋の機妙で期せずして同時になってしまったわけであります。

しかもその第一巻の巻頭に私が序文と先生の伝を書かねばならなくなったのでありますから、いよいよ以て縁尋の機妙というものを感ぜずにはおられないのでありまして、大学時代初めて『王陽明研究』を書きました時には、まさか五十年後にそれが縁で、しかも縁のある人達によって刊行される本場の中国にもない陽明学大系十二巻の巻頭に、序文を書き、又再び先生を伝することになろうとは、如何な想像力を以てしても考えもしないことでありまして、文字通り感慨無量であります。

そうして私は堆《うずたか》い参考文献を渉猟しながら、次第に筆を進めて最後の舟中に於て息を引取られるところに到った時でありました。ご承知の様に先生はあの広東・広西に起こった匪賊の内乱を鎮定して、凱旋の途中の舟の中で永眠されるのでありますが、その時側に侍しておった周積《しゅうせき》という弟子が、〝何かおっしゃることはございませんか〟と訊ねたのに対して、先生はかすかに笑を浮べながら、〝此の心光明、亦復た何をか言はん〟、というあの名言を遺して静かに瞑目された。私は叙《じょ》してそこに到って、何故か潸《さん》然として涙が下りました。

他国人である日本の老書生が、然も五百年前の人を伝して、涙が下るというのは一体どういうことか。人の心の微妙というものは時間もなければ、空間もない、人種・民族もない。そこにあるものは脈々として伝わる天地・人間を貫く不思議な生命というものであり、精神というものであり、神霊というものである。私は静かにそういうことを考えながら、又新たに良知ということを発見したと言いますか、会得したような気が致すのであります。

そういうことで先刻来、霧の如く千万無量の感慨・感想が湧き起こって、何から話してよいのか実は困っておる様な状態でありまして、どうにも始末がつきません。そこで思いつくままに二、三お話しすることに致したいと思います。

新しく発見された「日本正使了庵を送るの序」

これも亦縁尋の機妙の一例でありますが、先程触れました陽明学大系の第一巻が出まするに当って、偶然王陽明全書にも出ておらない先生の文章・真蹟が発見されました。それは伊勢の神官の一人が持っておったものでありますが、正徳五年、先生四十二歳の時に書かれたもので、一巻の巻物になっておりまして、「日本正使了《りよう》庵《あん》を送るの序」という題がついております。

丁度日本では足利末期に当りますが、たまたま日本の遣明使の一人で了庵桂悟《けいご》という老僧が越《えつ》に参りまして、そこで陽明先生に遇ったわけです。了庵はもう相当の老僧であったらしくて、先生は文章の中に「歳上寿を過ぐ」と書いております。左伝などには、上寿は百二十歳、中寿は百歳、下寿は八十歳としておりますが、道家の方ではどういうものかそれよりも低く勘定しておりまして、上寿を百歳、中寿を八十歳、下寿を六十歳としております。何《いず》れにしても上寿を過ぐと言えば、大変な年でありますが、確か了庵は八十を超したくらいの老僧であったと思われる。

先生はこの老僧を見て、人品と言い、言動と言い、教養と言い、実に見事で立派であるのに感じて、大いに激賞すると共に、時の僧侶もこうでなければならぬ、ということで真実の出家の条件を列挙して、これにかなわぬ者は要するに税金を逃れたり、労役を免れたりするためのごまかしに過ぎぬと烈しく論じておる。実に興味深い文章であります。

この巻物は転々として九鬼男爵家に伝わり、珍しいというので幾巻かこれを刷り物にして同好の士に頒《わ》かった。ただ少し傷んでおるのが残念でありますが、これもそれこそ縁尋の機妙で、求めておれば必ずどこからか又一つ完全なものが出てくるであろうと思われます。こういうものを見ておりますと、本当に生きた陽明先生や了庵和尚に会う様な気が致します。

斎藤拙堂《せつどう》がこの巻物を見て——恐らく鑑定を頼まれたものと思われますが——「字畫穏秀、神彩奕々、其文暢達」、と一見して真筆であることに疑いないと断定しておりますが、兎に角陽明学大系の第一巻の巻頭にそれを入れることに致しました。

誠に不思議な縁でございます。

心印語録

陽明先生の生涯を通じて最もうたれることは、真剣に身心の学問・求道に徹した人だということであります。それが先生の天稟《てんぴん》を養って、学問に於て、教育に於て、行政に於て、或は軍政・軍略に於て、行くとして可ならざるなしというような自由自在の驚嘆すべき業績となっておる。しかも先生自身は左様な天賦や事績を何とも思っておられない。ごく普通のこと、自然のことと考えて、それこそ道元禅師の身心脱落、脱落身心の言葉の通りであります。

今、その先生の徹底した思索・悟道の片鱗をテキストによって窺うことに致します。

天下の事萬變《ばんぺん》と雖も、吾が之に應《おう》ずる所以は喜怒哀樂の四者を出でず。此れ學を爲すのに要にして而て政を爲すも亦其の中に在り。

これは先生の弟子で、又立派な官吏でもあった王純甫《おうじゅんぽ》に与えた手紙の中の言葉であります。

天下の事は数限りなく変化があるが、われわれがそういう様々の問題を経験するに当っては、それを如何《いか》に喜び、如何に怒り、又如何に哀しみ、如何に楽しむか、という四つの心の持ち方、行じ方を一歩も出るものではない。これが学問を為すの要であって、政治もつまるところはこの四つに帰する。実に徹底した体得であります。

山中の賊を破るは易し。心中の賊を破るは難し。區々《くく》が鼠竊《そせつ》を剪除《せんじょ》せしは何ぞ異《い》と爲すに足らんや。若《も》し諸賢心腹の寇《こう》を掃蕩《そうとう》して以て廓清平定《かくせいへいてい》の功を収むれば、此れ誠に大丈夫不世《ふせい》の偉績なり。

【大意】山中の賊を滅ぼすことはやさしく、心中の賊を滅ぼすことはむずかしい。自分がコソ泥（賊）を滅ぼすのは、何もとりたてて言うに足りないことだ。もし諸君が心腹の寇（あだ）、つまり心中の賊を掃蕩（完全に除き去る）して心をきれいにすることができたなら、それこそ大丈夫（立派な人物）の世にまたとない偉大な業績である。

【解説】陽明学の眼目を示す言葉。「心中の賊」「心腹の寇」とは、私欲のことであり、その克服が極めて困難であることを強調し、天理を存して私欲を去る「去欲存理」と己を省みて私欲を克服する「省察克治」の工夫を徹底させる必要を力説している。

天下周知の名文句であります。先生が匪賊討伐の実績を挙げて識者の驚嘆を博し、弟子も感激して沢山手紙を出しておりますが、これは薛尚謙《せつしょうけん》という弟子に与えたその返書の一節でありまして、本当にその通りであります。

椰は埆の間違い

ところで今度、再び陽明先生を伝するに当って、先程申しました「日本正使了庵を送るの序」の一文が新しく発見されました外に、一、二訂正して置きたいことがございます。

その一つは、先生の陽明という号に関係のある陽明洞の洞の解釈であります。私も久しくこれを所謂洞穴の洞だと考えて、その中で坐禅をしたり、書を読んだりしたものだろうと思っておりました。

ところがだんだん文献を調べておりますと、あの越《えつ》の会稽《かいけい》の地方一帯は岸壁の絶景が多くて、中には自然の洞になったところもあるが、到底その中で坐ったり、本を読んだりできるような場所ではないということがわかりました。恐らく先生はこの辺の景色を愛して、しじゅう室を出られては散歩されたということでありましょう。

又、竜場に流謫《るたく》中、居室を後に石をほって槨《うわひつぎ》を作り、そこで決死の思索をされたというのでありますが、恐らくこれは棺桶の意味の槨ではなくて、自然にできた人目につかぬ岩のくぼみを表わす、土偏の墎の間違いであろうと思われます。この辺は岩の景色の多い所でありますから、自然に風雨も避けられ、人目にもつかず、静思黙想するのに都合の好い場所もあったと思われるのでありまして、そういうところにわざわざうわひつぎを作って静坐するのは、如何にも手がこみ過ぎて不自然であります。私も前からそれを考えぬでもなかったのでありますが、今度はっきり致しました。

兎に角こういうところから見ましてもわかりますように、先生に於ては、役所に在って政務をとる時も、陣中に在って匪賊を討伐する時も、到るところが学問・講学の場であった。法華経の如来神力品《にょらいじんりきほん》に、到る処みなこれ道場であるから塔を起こして供養すべし、という有名な言葉がありますが、先生は正にその通りでありました。

そうなると儒教も仏教も皆同じことです。先程神道の話が出ましたが、それこそ惟神《かんながら》の道であります。或る時など、野営して夜遅くまで学を講じ、夜が明けて弟子が挨拶に行くと、もう先生は先鋒を率いて進発しておった。実に自由自在と言うか、これこそ真の活学と言うべきものであります。

真の正学に鍛えられた人材の出現こそ急務

今日の時局に最も大事なものはこの活学です。真に活《い》きた正学によって鍛えられた人材が出なければ、やがて日本に恐るべき混乱と暗黒の時代がやってくることを覚悟しなければなりません。

然し時局がそういう風になって参りますと、時代、人心というものは自から霊妙なものがありまして、人々は意識しないけれども、何か真剣で真実なものを求めるようになる。これが良知というもので、人間である以上誰もが本具するところであります。致良知とはその良知を発揮することであり、それを観念の遊戯ではなくて、実践するのが知行合一であります。時代・民衆は自からそういうものを求める。そこで陽明学が自然に囁《ささや》かれ、又期待されるのであると信ずるのであります。従ってそれだけに、軽々しくジャーナリズムの対象になる様なものではないのであります。

もっとも陽明学も支那に就きましては、末流になるにつれて随分余弊《よへい》もありました。ニーチェやキェルケゴールにしてもそうですね、一方に於て驚嘆すべきものがあると同時に、一方に於ていろいろ余弊が出ております。

余弊が出るのは学問の道に限りません、何の道も同じことであります。ところが幸いにしてわが日本に於ては、少なくとも陽明学に関する限り余弊等というものは全然ない、と言っても過言ではありません。この点は日本民族のために、又日本の教学のために、われわれは大いに慶賀するところでありまして、それは何故であるか、ということはみなさんも自然におわかりかと思います。

ところがそういう時に、その反論としてよく大塩中斎が引合に出されます。けれども中斎という人は決して皆が考えておるような人ではなかった。これは殊に大阪のみなさんは、菩提寺の成正寺もありますし、随分《ずいぶん》『洗心洞箚記《せんしんどうさっき》』も講ぜられたことですから、とっくにご承知のことと存じますが、凡《およ》そ功名富貴など念頭にない人でありまして、それだけに叛乱を企てるなどということは到底考えられない。ただ少々癇癪《かんしゃく》持ちで、その癇癪が激発したに過ぎないのでありまして、その激発も無理からぬことと思われるのであります。

と言うのは中斎は大阪の与力、つまり司法警察の一番の責任者であって、実に立派な業績を挙げた人でありますが、たまたま天保の大飢饉に遇って、当時の記録によると、大阪から京都へかけて五万六千人の餓死者が出たと言うのですから、まあ、大変な飢饉であったのですが、中斎はそれを救おうとしていろいろ画策するわけです。ところが時の跡部山城守という奉行がそれをやっかんで、事毎に妨害・迫害もやるものですから、遂に中斎も癇癪《かんしゃく》玉を破裂させたというわけであります。

だから決して謀叛《むほん》だの、叛乱だのというものではない。中斎という人は、名利など眼中にない、真剣な求道者であります。

だから陽明学というものは、動機の純真を旨として結果の如何《いかん》を問わない危険な、赤軍派だとか、革マル派だとか、いうような連中の喜びそうな思想・学問では決してない。

私は今日のような行事が機縁となって、純粋な学問・正学が日本に本当に復興して、時代の要請する新たなる真剣な人材が今後輩出することを切望するものでありまして、それでなければ日本は救われない。この正月、辛亥の干支《えと》学的意義をお話しした時にも申しました通り、来年・再来年はもっと恐るべきことになると思われますだけに、こういう催しの暗に意味するところ誠に深甚なるものがある、と同時にこれこそ民族の良知の一つの作用である、と斯様《かよう》に考えられるのであります。

陰鷙《いんしつ》の勧め

陰騭の意義

今回は、袁了凡《えんりようぼん》の『陰騭録《いんしつろく》』についてお話し致したいと存じます。『陰騭録』に関してはかつて戦争中、金雞学院に学んでおりました西沢嘉朗君に私がすすめまして、これを研究して貰い、戦後、『陰騭録の研究』という題で出版致しました。これに私も長編の序文を書いて置きましたが、今は確か絶版になっておると思います。その後これを平易に書き直し、題も『東洋庶民道徳』と改めて、明徳出版から出しております。又私もこの講座で、今まで何べんか触れたことがありますから、『陰騭録』という書物の名前はもう皆さんには夙《つと》にお馴染のことと存じます。

さて、その『陰騭録』をどういう意味でお話しするかと申しますと、これは今日の時局に於て最も活きた、深い意義効用があると思うからであります。と申しますのは『陰騭録』は運命と立命の学問である。ところが今の日本の状態はどうか。誠に運命的に恐るべき危機にはいっておる。運命として観ずると、どうなるかわからない。

さすがに暢気《のんき》な人々も——と言っては語弊がありますが——平生忙しくて、真剣に考える暇のない指導階級の人々も、この世界的な変局に刺戟《しげき》されてこのままでは一体日本はどうなるであろうか、従って又自分達はどうなるであろうか、と漸《ようや》く不安・心配の念を懐《いだ》き始めてきたようでありますが、しかしただ心配するだけではどうにもなるものではありません。われわれは何としてでも、これを運命的に放置しないで、成り行きのままにまかさないで、立命しなければならないのです。創造的にしなければならないのです。

『陰騭録』はその立命・創造の仕方を細々《こまごま》とわれわれに教えてくれておる。

勿論《もちろん》立命の学問は『陰騭録』に限らない。易学もそうでありますし、又あらゆる学問がそうでなければならぬ筈であります。ご承知のように、易学とは変わる学問、即ち造化・変化の学問である。自然と人生を通ずる世界は変化の世界であるが、その変化の中に厳粛な法則がある。その法則を究明して、活用してゆくのが易の教である。

アインシュタインの言葉を借りて申しますと、「自然というものは法則の支配する世界である。その法則を究明して、変わる世界を変えてゆくのが人間の使命であり、権威である」、ということになる。科学はそれを最も忠実に実践してきた。その意味に於て易学は、変わる学問、と同時に変える学問である。

『陰隲録』も亦同じ。これは書経の「惟《こ》れ天・下民を陰隲す」、というところから出ておる熟語でありますが、陰は冥々《めいめい》の作用、隲はさだめるという文字である。正しくは騭と書く。即ち冥々の間にさだめられておるものを明らかにさだめることである。

自然の支配する法則を、人間の探究によって得た法則に従って変化させてゆく、これが陰隲であります。今日誰しも疑わぬ科学とは何ぞやと言うと、要するに一切萬物を包含する宇宙・自然の法則を探求しておるのであるが、その宇宙・自然の法則の世界が陰隲の世界であると言うことができる。

確かにこの宇宙・自然の世界は、物の世界も、人間の世界も、すべて複雑微妙な法則から成り立っておる。その法則に従って、初めて創造することができるのである。これを解明しなければ、物も生産する事ができない、人間の生活・進歩もあり得ない。もしわれわれが法則を無視して、生活し、行動すれば、忽《たちま》ち破滅する。この人間の法則が道徳というものであります。

道徳は人間に課せられた、一時的・方便的な制約というようなものでは決してない。人間存在、人間という生命の中に内面的に存在する原理・原則なのである。『陰隲録』はこの原理・原則を解明しておるわけであります。

今、日本に一番大事なものは陰隲の努力である。われわれの古典を学ぶ意義もそこにあるわけです。なにも先哲・先人の遺した学問を、骨董品を珍重するように研究するのではなくて、それに基づいて、今日・明日のわれわれの人生、われわれの社会・国家・民族を創造してゆく根本信念・根本識見を修めんがためであります。

著者袁了凡の人と為り

著者の袁了凡《えんりょうぼん》は広西《こうせい》、或は浙江《せっこう》の出身とも言われている。明の世宗・神宗の時代、わが国で言えば、足利末期から将軍秀忠の初め頃にかけて在世した人で、太閤秀吉の朝鮮征伐の時には、彼も明軍に加わって朝鮮に来たこともある。しかし余り正論を主張したために、派遣軍司令官と相容れなくなって、遂に左遷せられて国に帰り、その後は専《もっぱ》ら教育・学問に身を献《ささ》げて世を終った。

一般に名は黄となっております。然しその後、私も西沢君との因縁もあって、『陰隲録』については特に注意しておったわけでありますが、いろいろ新しい文献も手にはいり、大分事実も判明しました。それによりますと、どうも最初は表と言うたようであります。従って黄は後に改めた名である。初め学海と号したが、後、了凡と改む。何故了凡と改めたか、という理由は本文の中に書いてありますが、要するに凡を了したわけである。

家系を調べてみると、お父さんは袁仁という人で、子供は男ばかり五人おって、了凡は四男坊であります。人間の興味などというものはたわいのないもので、実は私も男ばかり五人兄弟の四男坊である。なんとなく他人のような気がしない。

又私の知り得たところによりますと、了凡は王陽明の高弟王龍渓《おうりゅうけい》について学んでおることもわかりました。龍渓の学問には随分私も厄介になったわけですが、陽明の直弟子の中では最も天才的な人であります。

戦前、朝鮮で『王龍渓会語』という書物が稲葉君山氏によって発見されまして、それを私がすすめて、朝鮮総督府の手で版にして貰ったことがあります。これは今日支那本土ではなくなってしまって、見ることができませんが、いろいろ珍しい事実を伝えておる。

その『王龍渓会語』の書き込みの中にあるのですが、若い時の龍渓は少々遊俠《ゆうきょう》とでも言いますか、鋒鋩《ほうぼう》の鋭い硬派の不良青年といったところがあったらしくて、毎日バーのようなところで大酒を呑《の》んで、気焔《きえん》をあげておった。たまたま仲間に陽明先生を崇拝するものがおって、一っぺん紹介するから、先生にお目にかからぬかとすすめたが、〝俺は学者は大嫌いだ。第一、学者などにろくな奴はおらん〟と言って相手にしない。それを聞かれた陽明先生が、弟子に言い含めて、うまくわたりをつけさせ、会うことになったが、一見して龍渓は忽ち先生に推服したという。
その片鱗を見ても、龍渓の非凡であることがわかる。龍渓ならばこれくらいの逸話があってもよいような気が致します。その龍渓に袁了凡が学んでおる。

又、了凡の曽祖父に袁顥《えんこう》（号は菊泉）という人がおりまして、早く支那の知識階級の本筋であります科挙――戦前の日本の高等官試験に当る――の試験を受ける学問を修めて、型の如く出世街道を歩もうと致しましたところが、そのお父さんの杞《き》山先生から〝人間は官界などに志して出世の学問をするよりは、謙虚に人間の道を修めて安心立命して、世を終るのが一番良い道である〟と言われて大いに感ずるところがあり、とうとう官吏になる方針を打ち捨てて医者になった。そして一人でも多く苦しんでおる人間を救ってゆこうと決心して、道を修めたということである。

従って了凡の家は代々医者であり、又そういう優れた精神的伝統が流れておったわけでありますが、しかしその後、世の変遷で家は衰え、了凡の少年時代は貧乏でありました。その上早く父を失って、母の手で育てられたから、とても進士の試験を受けて出世街道を歩む余裕などない。そこでお母さんも言われることだから、というので家業の医者になろうと決心して、専《もっぱ》ら医学を学んでおった。そこから『陰隲録』が始まる。

この精神的伝統が私には殊に面白く思われる。今日一番欲しいのはこういう精神の人であります。これは又陽明学の一つの神髄でもある。人間が余りにも世の中を功利的に考えて、功利を競うた結果、今日のような破綻《はたん》に導いてしまったと申して宜しい。

物質文明の発達は果して人間に幸福をもたらしたか

それにつけても思い出すのは、先般アメリカからの帰途、内緒で日本に立ち寄った、イギリスの前首相マクミラン氏の言葉であります。彼のしんみりと洩《も》らした感慨は私に深い印象を残しました。

マクミラン氏は先ず、現代の花形である科学技術に対して、深く歎息《たんそく》をしておる。なるほど科学技術の発達は誠に見事なものである。然しそれは本来、人類に進歩と幸福とをもたらすべき筈のものであるのに、いつの間にか核兵器という様なものを発達させて、全世界を、次の世代を、破滅に陥れかねない結果になった。これは一つの命である、運命というものである。

それにつけても思い出されるのはアインシュタインであります。アインシュタインをアメリカが亡命させたのは、ドイツが彼を利用して原爆の様なものを作ったら、それこそ恐るべき大災厄を与えるかも知れぬ、ということが一つの原因でもあったわけです。勿論アインシュタインとしてもそれを避けたかった。だからこそ彼は逃れたのであります。ところがやはり駄目であった。いろいろ科学者の総合的努力の結果、結局こういう核兵器というものに発展して、思いもかけぬ人類の脅威になった。

考えてみれば、因果の成り行きは実に恐ろしいものであります。世の多くの人々はみな、金が欲しい、地位が欲しい、名誉が欲しい、と一所懸命やっておるが、恐らく誰しもその家、その子孫のためと思ってやっておるに違いない。ところがなんぞ知らん、その子孫のためと思うてつくった財産や地位・名誉が、どれくらい子孫に禍《か》をするかわからない。

どうかすると、本人一代の間にその禍を見なければならないこともある。これは毎日の新聞でみなさんもよくご承知でありましょう。余り金を儲けなかったら、そんな地位につかなかったら、或はそんな仕事をしなかったら、もっと平和で幸福に暮らせたものを、なまじい金をつくったり、地位や名誉を欲しがったりするものだから、本人が考えておったのとは全く逆の、とんでもない方向へ行ってしまう、というようなことが世間にはざらにある。

植物でも、余り花を咲かせ過ぎたり、実を成らせ過ぎると、木が弱くなって、その次の時季にはすっかり駄目になる。本当に木を長持ちさせて、立派な花をつけさせ、実を成らせようと思えば、所謂果決《かけつ》をやらぬといけない、間引かぬといけない。

だからわれわれも、子孫の事を思うならば、あの人にしては気の毒だ、というくらいのところで止めて置くのが一番よい。その方が本人にとっても、子孫にとっても、どれだけ幸せかわからない。

そういうことで、マクミラン前首相も、この科学技術の発展の思わざる結果に非常な慨歎をしておる。

それと共に、東西二大陣営の対立ということに言及して、次のようなことを述べている。ご承知の様に今、世界は資本主義陣営と共産主義陣営との二つに分かれて、事毎に相対立しておる。共産主義の方では何とかして資本主義を打倒して、人類に階級も、搾取《さくしゅ》も、何もない、平和で幸福な世界をもたらせるのだ、と呼号しておる。なるほど掲げるところは立派である。けれどもその結果はどういうことになったか。共産主義の諸国は言うには及ばず、各国の共産党内部に於てさえ、恐るべき粛清と称する圧迫・弾圧・殺戮《さつりく》が行われ、あらゆる見るに忍びず、言うに忍びざる罪悪の限りを尽して、しかも尚今日になってみると、事実は資本主義・自由主義諸国の後を辛ろうじて追っかけておる、という様な状態であります。

従って今日、マルクス・レーニン主義を謳歌しておるような国は、文明国では日本くらいのものであります。他の自由主義諸国では殆《ほとん》ど問題になっていない。

更にその対決に科学技術の発達が力を添えて、今や人類が共倒れになる心配をしなければならなくなってきた。然し、さてそれではどうするかとなると、なかなかこれは難しい。さすがにマクミラン前首相も、これに対しては何も決定的なことを言い得ないでおる。

又一方自由主義の諸国はどうであるか。人類の発展と幸福のためにつくった文明は、確かに大衆を向上させ、大衆社会は大へんな繁栄を致しました。しかし今日になってみると、大衆はただ自己のその日その日の平安・安逸・享楽を貪って、人間の大事な道徳だの、使命だのというものについては、全く堕落するばかりである。それにつれて世界の指導的権威として、その繁栄を誇ってきたヨーロッパの諸国は、今や著しく凋落《ちょうらく》してきた。

イギリスも亦然りであります。かつては七つの海を支配して、太陽の没するを知らぬ、とまで言われたくらい繁栄を誇ったイギリスが、あの通りの始末である。いづれを見ても、そこに欲しいものは真に偉大な民族の、否、人類の指導者である。昔はそういう指導者がおった。が、今日はそれが乏しくなった。これがイギリスの前首相の概歎であり、苦悩であるが、日本もご多分に洩れない。

イデオロギーで人間社会は語れない

そこで究極的にどうすればよいか。科学だ、技術だと言うても、繁栄だと言うても、更には政治や経済、或は学問だと言うても、長い目で見ると、実に頼りないものである、はかないものである。それはその中に存在する大事な根柢を忘れておるからである。根柢を把握しない技術や学問は人間を不幸にするからである、それに翻弄されて、所謂運命に弄《もてあそ》ばれて終るだけである。

しかし少しく冷静に観察すれば、その奥にもっともっと大事な、厳粛な理法というものが、道というものがある筈である。この理法を学び、道を行じなければ、われわれは何物をも頼むことはできない。

二十世紀の後半にはいって、漸《ようや》くそういう結論に到達したわけであります。その結果そういう点から、今日の文明を批判するものがたくさん出て参りました。

例えば共産主義陣営に於ても、ユーゴスラビアのミロバン・ジラスという様な人がそうであります。彼はあのスターリンの権威を以てしても、敢えて屈しなかったチトーを助けて有名でありますが、共産主義政治に疑惑を持つに至り、とうとうチトーと相容れなくなって投獄された。

彼はその獄中で共産主義に対する忌憚《きたん》のない回想と批判を書き、これを国外に持ち出させて、外国で出版しております。日本でも『新しい階級』という題で翻訳されておりますが、これを読むと、共産主義とはどういうものであるか、よくわかるのです。

しかしそれよりも、先ずマルクスの伝記を読めば、こういう人間の学問や目的が、いかに人間として相容れぬものであるかということが容易にわかる筈である。

中でも面白いのはジェームス・バーナムという人であります。これはアメリカの大学で、空前の秀才と言われた人でありますが、若いときは型の如く秀才にあり勝ちの、マルクス主義に興味を持って、それに没頭した。しかし間もなくこれに矛盾や不満を感じて、マルクス主義でない共産主義はないものか、としきりに考えた。そうして亡命しておるトロツキーなどと徹底的に論戦した。

しかし結局いかなる共産主義を考えても、人類の救いにはならぬということがわかった。そしてとうとう共産主義を批判する書物をたくさん書いておりますが、その一つに『西洋の自決』という書物がある。

これは共産主義と同時に自由主義、アメリカや自分の故郷であるヨーロッパ等の、所謂西洋文明、又その社会に、徹底的なメスを加え、広汎なデータに基づいて、結局このままでは駄目だという結論を下しておるのでありますが、彼はこれに「自由主義の終焉《しゅうえん》」という副題をつけておる。要するにイデオロギーなどというもので、人間及びその社会を片づけようと考えるのは、とんでもない間違いだということを論じておるわけです。わが国でも確かダイヤモンド社であったか、『自由主義の終焉』という名で出版しておる。

先ず根本精神を培養することが大事

こういう風に世界を通じて、昨年あたりから人心の動向が変わってきておる。しかし今の日本はどうか。イデオロギー万能と言うか、流行ですね。浅薄な進歩的文化人とか、暴力学生の振り廻すイデオロギーの何たるかを問わず、ああいうもので人間のことが解決されるなどと考える者がおったら、これくらい浅薄で愚劣なものはない。

少し常識のある人ならわかる筈であります。やはり人間に大事なことは、真人間になるということです。真人間になるためには学ばなければいけない。人間の人間たる値打は、古今の歴史を通じて、幾多の聖賢が伝えてくれておる道を学ぶところにある、教を聞くところにある。これを措《お》いて頼り得るものはない。イデオロギーも法律も、科学も技術も、長い目で見ると、何が何だかわかるものではない。

これが今日、世界の識者の結論であります。それがわからぬ人間ほど騒ぎ廻っておると言うて宜しい。

先哲講座の意義・使命も亦そういうことを学ぶところにある。現象の世界のいろいろの問題に時々論及致しますけれども、斯様なことは浮雲の変化のようなものであって、講座の目的ではない。真の目的はその現象の根柢であり、本質であるところの道・教を学ぶことである、心学というものである。言い換えれば人間の根本を培養することである。

だから専門の漢文でもやるのでない限り、訓詁《くんこ》の学問はそれだけでは足りない。どこまでも修己治人の学問にならねばならない。そうすればやがて時がくれば、自然、花も開く、実も成る、如何なる問題でも判断がつき、解決ができるようになる。これが活学というものです。

従ってわれわれは絶えず、初心の信ずるところ、又志すところを新たにするためにも、こういう文献を渉猟することが大事であります。

昔、衛の賢大夫蘧伯玉《きよはくぎよく》は、二十歳になった時には、十九歳までの非を覚《さと》って、悉《ことごと》くこれを改めた。二十一歳になった時には、前に改め尽したと思っていたものが、まだ悉く改め尽していないことを知った。二十二歳になるに及んで、二十一歳の時をふり返ってみると、猶《なお》まだ夢中に在ったごとく、改め尽していないことを知って改めた。

こうして一年又一年と歳を加える毎に、次々に改めて、孔子も『論語』に彼を褒《ほ》められておるが、『淮南子《えなんじ》』には更に、五十になっても、四十九年の非を知って改め、「六十にして六十化す」と言うてある。

古人が過を改めるために された学問はこういう調子であった。われわれは凡俗の輩《やから》である。過悪はは り ね ず みの毛のようにたくさんある、にもかかわらず往事を顧みて、その過があるのに気がつかないようである。これは心が粗《あら》くて眼がくもっておるからである。

しかし過悪の深重な者にも亦しるしがある。或は心が昏《くら》くふさがり、物事が忘れっぽくなり、或は何事もないのに思い悩んだり、或は立派な人に遇うと恥ずかしくて逃げ出そうとする。或は正論を聞いても一向楽しくないとか、折角恵みを施しながら逆に施した人から怨まれるとか、或は夢の中で顚倒《てんとう》して、甚だしきは妄言を吐き、本心を失ったりする。これ皆悪業をなす者のすがたである。

だからもし一度でもこれに類するような事があったならば、大いに奮発して今までの生き方をやめ、新しく生きることを図らねばならない。幸いに自から誤ることのないようにすべきである。

そして常に、いつまでも自から維新してゆくことが、冥々の間に定められた法であり、真理であります。われわれは単に古い物を読むというのではなく、古人の教にかんがみて日々過を改めてゆかなければならない。そうして新しい自分、新しい国家・民族、新しい世界を開いてゆく。これが今日のわれわれ人類に課せられた義務であります。

青年哲人文中子

古典の意義

われわれは常に時と処とに限定されて、狭い窮屈な遽《あわただ》しい生活をしておりますが、そういう中にあって古典に心をひそめる時には、われわれは時と処との限定を超越して、直ちに無碍《むげ》の世界に遊ぶことが出来るのであります。古典はこういう無限の楽しみや真の自由をわれわれに与えてくれるのでありますが、その上古典は歴史のふるいにかけられて残ったものであります。歴史的評価に耐えてその生命を持ち続けるということは、これは容易ならぬことであります。

個人でもそうで、「歯徳《しとく》」という言葉がありますが、生きるということ自体一つの徳であります。人と人との交わりにしても、余程お互いに修養し、蘊蓄《うんちく》を持たなければなかなか長続きするものではありませぬ。

『論語』に、孔子が晏子《あんし》をほめて、「晏平仲能く人と交わる。久しうして人能《よ》く之を敬す」と言っておりますが、「久敬」という言葉はここから出ているのであります。人と交わって、時が経つに従って人がこれを尊敬する。これは確かに偉い人に相違ないのであります。

兎《と》に角《かく》歴史の中に貴い価値をとどめて、末の世までも尊敬され、珍重されるというのは、実に貴いものでありまして、これは人であろうが典籍であろうが変りないのであります。

又古典の中には人に識られずして、極めて少い識者がよくこれを珍重するものもあります。そういうものはそういうもので又深山幽谷の喬木《きょうぼく》の如く、貴い価値があるのであります。

文中子の人と為り

文中子はどちらかと言えば、世人に知られずして、極く少数の識者の間に珍重されて来た人で、しかもこの人は年わずかに三十で世を去った人でありながら、その門下から支那四千年の歴史上最も偉大な文化の発展を実現した唐の革命創業に参画した多くの傑物を出したということで、又識者の注意をひいた人であります。その意味で日本の吉田松陰を偲ばしむるものがあります。

文中子の出たのは隋の時代で、その前が南北朝時代と言って、揚子江を中に南北二つに分かれ、南は宋・斉・梁・陳と興亡を繰返し、北は後魏が東魏・西魏・更に又北斉・北周に分かれて、その間九朝五十二帝、その後を隋が一統したのであります。

その乱世の終りに、かつて周の勃興した山西省、黄河の支流汾河《ふんが》の畔《ほとり》に彼は生れたのであります。一生世に出ることなく、読書・思索・子弟の教育に没頭して亡くなりました。名は王通、文中子とは弟子の献げた諡《おくりな》であります。

文中子の意味

この文中子という諡が又意味が深いのであります。凡《およ》そ人類の歴史は一面から申せば、文明文化の栄枯盛衰の興亡史でありますが、この文明文化に対して、自然の素朴な生命の営みのことを質と申します。それがだんだん発達して、そこから人間の生活、学問、芸術、文化と言ったものを生んで来るのであります。だから言い換えれば、自然の素朴な生命に対する一つの綾、飾り、木で言うならば、美しい花とか実に該当するものが文であります。

質は又、素と申します。これはどちらかと言うと物の本質であります。われわれの本質・実体というものは、元来自然の素朴な生命力、又その営みでありますから、これが含蓄されて、その極く一部が種々な形をとって現われる。つまり潜在しておるものが顕在、顕現するわけであります。

例えば、このわれわれの肉体と言うものは、元来の本質である潜在的生命力の顕現でありますが、然しそれは極めて一部分に過ぎないのであります。丁度それは氷山の如きもので八割位が下に沈んでしまっているわけであります。

だからこの顕現実現している部分が潜在している部分のエネルギーをひどく消費する程、体が命の負担になり過ぎる程弱くなり、不健康になるのでありまして、力《つと》めて控目である程生命としては健康なのであります。

これは何事によらず言えることで、社会的に言っても、本来の含蓄されておる能力以上の仕事をすると、直《す》ぐ疲れて種々失敗をする。食事でも腹八分目と言いますが、二分の余裕を残して置く食べ方が一番良いのであります。知性の活動にしてもそうであります。外面的論理的思惟《しい》などというものは、われわれの深い直観的な叡智に対して極く一部分であって良いわけで、勝ち過ぎると危険であります。

こういう表面に出るところが文でありますが、従って文というものを余り末梢化しないで華やかなものにしないで、出来るだけ内に含蓄することが大事であります。文というものをよく中に蓄えて、軽々しく外に出さない、これが文中ということで、こういう先生であると言うので文中子であります。

これからみても如何に含蓄の人であったかよく判るのであります。決して軽々しく才能や知識を振り廻わさなかった、所謂《いわゆる》奥ゆかしい人であったのであります。

この人の事蹟は、はやく世に湮滅《いんめつ》して、実は余りよく分からないのでありまして、著書も『文中子』という、孔子の『論語』に比せられる弟子の編集したものが残っているだけであります。門下から傑物を沢山出したと言いますが、その伝記も伝わっておりませぬ。

又その文中子という書物の記事にも矛盾があって、例えば文中子の学んだという関朗なる人は、文中子より百年も昔の人であり、又教えを聞いたという李徳林は文中子の八才の時に死んでおります。だから考証学者の中にはその存在すら疑う人がありますが、然し一方には、沢山の勝れた人々が殊《こと》の外《ほか》文中子を尊重しておるのでありまして、どうしても否定することが出来ないのであります。

王陽明は韓退之《かんたいし》と比較して、「退之は偉い人には相違ないが、要するに文人の尤《もっとも》なるものに過ぎない。文中子はそういう文章の人ではなくて、哲人と言うべき人である」と言って大いにこれを尊重しているのであります。

生命本然の姿を求める

楊素《ようそ》、子に謂《い》はしめて曰《いわ》く。盍《なん》ぞ仕へざるか。子曰く、疏屬《そぞく》の南、汾水《ふんすい》の曲《ほとり》、先人の弊廬《へいろ》の在る有り。以て風雨を避く可し。田有り。以て饘粥《せんしゆくぐ》を具す可し。琴を弾《だん》じ、書を著し、道を講じ、義を勧《すす》め、自ら樂しむなり。願はくは君公、身を正して以て天下を統《す》べよ。時和にして、歳豊かなれば、則ち通や賜を受くること多し。仕ふるを願はざるなり。

楊素は後に隋の政権を握った人でありますが、或る友人をして文中子に「どうしてあなたは出仕しないのか」と訊かせた。すると文中子の言うには、「疏属（山の名です）の南、汾水（山西省の汾河）の畔に親の極く粗末な家がございます。雨風を凌ぐことが出来ますし、田もあってお粥位はすすれます（饘は濃いかゆ、粥は薄いかゆであります）。そこで好きな琴を弾じ、好きな書物を書き、道を講じ、道義的生活を奨励して、そうして自ら楽しむものであります。どうか君公は己が身を正しうして、以て天下を統べて頂きたい。時世がよく秩序・調和を保って、稔りも豊かであれば、私は賜、即ち恩沢を受けることが非常に多いので、なにも仕えて食禄を得たくありませぬ」と。

これは誠によくその気持を表わしております。私も生涯仕えずに、自由を通して生きて来たのでありますが、考えてみるとこれを読んだことも一つの原動力になっておるような気が致します。

こういう考え方、生き方は一面弊害もありますが、又大きな意義もあるのでありますす。勿論《もちろん》人間何かになりたがるということは、それ自体意義のあることでありますが、然しそれは決して第一義ではありません。成《な》る可《べ》く潜在的生命を全うする。言い換えれば、無限定でありたいというのが生命本然の姿であります。

その意味ですでに成長する、大人になるということそれ自体、警戒を要することであります。そういう点を深く思索し論じたのが老荘思想・黄老《こうろう》思想であって、老子や荘子を見ると、いつまでも慈母の懐に養われる赤ん坊でありたいと、盛んに嬰《えい》児《じ》の徳というようなことを論じております。

一面から言えば実際その通りでありまして、子供の時には、宗教的素質も哲学的要求も芸術的本能も、あらゆる能力が渾然《こんぜん》として含蓄されておるのでありますが、それが大人になるにつれて一部分の成長のために他は皆吸収されて無になってしまう。甚だしい自己限定をしてしまうわけであります。

だから就職するということは芽出度《めでた》い事には違いありませんが、又反面から言えば区々《くく》たる一世渡り人になる、悲しむべきことでもあるわけであります。その意味で浪人生活は無限定であって、お粥位はすすれるということに満足しておれば捕われることなく自由です。こういう気持を持って職業人になって貰いたいものであります。

近頃の社会評論を見ていると、外国でも大分やかましく論じられておりますが、近代社会は余りにも分業化してしまって whoe 即ち whole man がなくなってしまった。社会が余り組織化されて、人間が機械の部品になって、個人が零になってしまった。これは近代文明の悲劇であります。

近頃は青年も何かそういう組織の一部分に入りたがって、腕一本、脛《すね》一本、なんでも良いから自由奔放に暮すんだという気概がなくなってしまった。然し人間の尊い価値や文化というものは決してそういう組織や大衆からは生れない。勝れた個人の魂からのみ生まれるのであります。こういう恐るべき組織の中にあって、如何にして人間の個性や自由を回復するか、これが今後の文明・文化の問題であり、民族の勃興もそういうわが道を行くという気概が、特に青年の中からどんどん出て来てこそ将来されるのであります。

統一調和にある生命の特質

子曰く、吾仕へず。故に業を成す。動ぜず。故に悔なし。廣求《こうきゅう》せず。故に得。雑學せず。故に明らかなり。

胸を打つ一文であります。「仕へず、故に業を成す」。仕えても努力すれば業を成すことが出来ますが、大体サラリーマンになったら本当の仕事は出来ません。混雑の電車にもみくちゃにされて、雑務に追いまわされているだけでへとへとになってしまう。それでなくても人間には、物質と同じように慣性というものがあって、肉体も精神も鈍感になり勝ちであります。立派な理想を抱いて就職しても、三年も経たぬうちにわけのわからぬものになってしまう。「動ぜず。故に悔なし」。下手に動かない。だから後悔する事もない。人間は軽挙妄動する程後悔する。

又「廣求せず。故に得。雑學せず。故に明らかなり」。広求も雑学も結局は同種類の言葉で、広く求めるとどうしても散漫になる。その一例が雑学であります。雑学すると、頭がこんがらかって雑駁《ざっぱく》になる。生命の一つの重要な特質は純一ということ、統一調和ということであります。

だからわれわれの栄養にしても、よく消化するということが第一で、消化するとは、食物が身体や生命に統一調和することでありますから、消化を無視して栄養を摂取すれば、胃腸障害を起こして却って生命をおびやかすことになります。

それと同じで、雑学は精神の消化不良を起こす。過ぎると脳酸過多、脳潰瘍を起こす。酷《ひど》くなると人格破産、精神分裂ということになる。その意味で、現今の学校の勉強は非常な雑学でありまして、甚だ危険であります。もっと有機的発展を促すような教え方を徹底する必要があります。

例えば東洋哲学をやろうと思えば、先ず主な内容は儒・仏・道の三つでありますが、儒教なら孔子から入る。そうして先ず『論語』を読む。するとどうしても『孟子』も読まざるを得ない。処が孔子の系統の中では孟子は理想主義の人であって、これに対して現実主義の荀子の一派があります。そこで『荀子』をやっていると、いつの間にか戦国時代に入って黄老の思想が融合してくる。当然『老子』や『列子』や『荘子』を読まざるを得ない。読んでいる中に今度は漢代に入って来て、老荘系と孔孟系が一緒になって、はじめて所謂五経といったものが完成されて来る。

そうする中に後漢になって印度仏教が入って来るので、当然仏教をやらざるを得なくなる。処がその仏教が支那の思想や学問と交流して独特の支那仏教、禅などというものが生れると共に、反対にそれに接した支那の思想からは道教が生れて来る。

こういう風に有機的に学んでゆくと、時間をさえかければ儒・仏・道の東洋の学問、宗教の大きな体系に自ら参ずることになるのであります。学問方法の秘訣は雑学をやらずに常に消化という事、つまり純化という事を念頭において進めてゆく、これが肝腎であります。

環境が人をつくり、人が環境をつくる

子曰く、治亂《ちらん》は運なり。之に乘ずる者あり。之を革《あらた》むる者あり。窮達《きゆうたつ》は時なり。之を行く者あり。之に遇ふ者あり。一來一往各々數を以て至る。豈《あ》に徒《いたずら》に云はんや。

世の中が治まるとか乱れるとかいうことは、一つの大きな運行だと言う。確かにこれは春夏秋冬、晴れたり曇ったり、雨が降ったり風が吹いたりするのと同じことで、一つの運行であります。人間世界に於ける自然現象とみることが出来ます。つまり客観的態度で言えば、これに処する人間の側から言えば、これに乗ずるものが

あるし、或はこれを革むるものがある。

然しこの治乱という大きなものは、誰れでも改正することが出来るかと言うと、なかなかそうはゆかない。環境をつくるにはつくるだけの力が要る。力が無ければそれに巻かれる。支配される。これは循環現象で、環境が人をつくり、人が環境をつくるのであります。作ると言う立場に立てば革むる、環境を主とする立場に立てば乗ずるのであります。

同様に「窮達は時なり」。時あってか窮し、時あってか達する。治乱と同じようにそれは一つの運であって、人間から言えば運であり、又同時に時と観念するのであります。

そうして面白いことには、「之を行く者あり。之に遇ふ者あり」。つまり自分から出掛けてゆくものがあるし、意識しないでぶっつかるものがある。いくら貧乏で苦労しておっても、良心を裏切るような生活は出来ないと、覚悟して浪人するものもあれば、又こうすれば必ず成功すると、目的を立て筋道を明らかにして成功するものもある。図らずして大臣になるものもあれば、行き当りばったりで窮するものもある。

同様に人生には吉凶というものがあるが、これも命である。如何にしてとか何の故にとかを許さない、絶対的作用、これが命であります。

その最も直接なるものが生命、われわれの生命は意識を伴っておりますから、忄(りっしん偏)をつけて性命であります。それは大いなる自然に属するものであると言う意味に於て「天命」、それは寸時も動いて止まぬという意味で「運命」と言うのであります。

こういう命というものがあって、時に吉となり凶となる。然しこれとても自分からなすものがあり、或は偶然にぶっつかって支配されるものもある。「一來一往各々數を以て至る」。或るものは来たり或るものは往く。各々為すには為す、遇うには遇うで、そこには数というものがある。物と物との間にある複雑な因果関係が数であります。

われわれはこれを学ばなければならない。又自ら為さねばならない。然しこれは教養宜《よろ》しきを得れば出来ることで、偉人と凡人の違いは、教養宜しきを得たか、得ないかということによるのであります。

至公血誠が天下の難を救う

楚、難作《おこ》る。使を使はして子を召《まね》く。子往かず。使者に謂《い》ひて曰く、我が爲に楚公に謝せよ。天下崩亂《ほうらん》す。至公血誠に非ざれば安んずる能《あた》はず。苟《いやし》くも其の道に非ずんば、禍の先と爲ることなし。

はっきりしていますね。

天下はまさに乱れて崩れようとしている。余程天下国家を以てわが任となすような精神、血の通った誠、それでなければどうすることも出来ない。即ち天下の難を救おうとするには、それを救うだけの至公血誠が発揮出来なければならない。それが出来なくて崩乱の舞台に乗り出すのは、真っ先に禍をまねくに過ぎない。私はその任ではありませんと言って断ってしまった。

余程の見識と信念を持っておったに相違ないのであります。

子不予《ふよ》なり。江都変あるを聞き、泫然《げんぜん》として興《お》きて曰く、生民亂《らん》に厭《あ》くや久し。天其れ或は將に堯舜《ぎょうしゅん》の運を啓《ひら》かんとす。吾焉《これ》に與《よ》らざるは命なり。

不予の子は「楽しむ」で、病気で寝ておったわけであります。その時たまたま「江都変あるを聞き」、これは隋の煬帝《ようだい》のことで、今日の中共を思わせるような大建設をやった人でありますが、道徳的にはデタラメで、父を殺し兄を殺して政権を取った。

その煬帝が斃《たお》れたことを聞いた文中子は、病床から起き上って、民衆は久しく乱にあきあきしている。この辺で天は長い間の乱世を一変して、平和を将来するかも知れない。そこに非常な名君・偉大な指揮者が出て、堯舜の如き運を啓こうとしているのだ。自分がこれに関与することが出来ないのは、これは命というものだ。そう言って涙ぐんだ（泫然は涙ぐむこと）。

高い識見や信念以上に、天下国家に対する高級な策も持っていたでありましょうが、残念にも身体が悪い。又そういう活動をするには種々な条件がある。自分にはその条件がそろわない。やはり心の底には深い情熱が秘められておったわけでありますます。そうして偉大な人格、能力を抱いて静かに山西の一角から天下の大乱を空しく眺めておった。

子曰く、悠々として素餐《そさん》する者天下皆是なり。王道いづくよりして興らんや。

悠々には「落着いてあせらない姿」という意味と、「なにもしないでのんべんだらりとしている」という意味の二つありますが、この場合は悪い方の悠々でありますす。素餐は徒《いたず》らに飯を食っておること。

見渡すと、天下皆のんべんだらりとして徒らに飯を食っている。こんな状態では、一体何処から天下の乱を救うて、本当に民衆に平和と幸福を与える王道が起こるであろうか。文中子の慨歎《がいたん》、心境がしみじみと解る気が致します。

彼の語録や逸話を熟読翫味《がんみ》すると、本当に心を永遠に馳せると言うか、限り無き瞑想に導かれると言うか、なんとも言えない感懐にひき入れられるのであります。

三国志と青年

歴史に学ぶ

青年部が久しく続けて来ております古典講座に、どうしても私に出て欲しいという懇請があり、且つ『三国志』の話をしてくれという注文でございました。誠に頼もしいことでありますから、私も心よく承知して参ったわけですが、実は『三国志』といってもこれは大変な内容のあるもので、お話は何とでもできますが、「談何ぞ容易なる」という言葉がありますように、実際は非常に難しいことで、一席の簡単な話くらいではつまらないと思います。

耳で聞くよりも、たとえ一頁でも二頁でも何かこれに関する文献を読んだ方が、はるかに印象に残ると思いますので、テキストを刷って貰いまして、これを講義することに致しました。

「歴史は過去の例証からなる哲学である」という西洋の学者の名言がございますが、

確かにその通りでありまして、現代のいろいろの出来事も、歴史を見ればちゃんと類型のことが書いてある。だから現代を知ろうと思えば、どうしても歴史を学ばなければならない。丁度裁判において過去の判例を参考にしなければならぬのと同じでありまして、人間界の出来事は先ず以て歴史の実例を参考にすることが一番大事なことであります。

従って今、やかましく言われておりますす中共にしても、本当に中共を知ろうと思えば、どうしても中国の歴史、シナの歴史を先ず知る必要がある。『三国志』はそういう意味から言うても、無限の価値があります。

『三国志』は昔から日本人が特に興味を以て親しんで来たものでありまして、随分いろいろの作家がこれについて書いておりますし、内現在に於ても広く読まれておるようでありますが、しかし大体その種本は通俗三国志でありまして、本物の『三国志』は余り知られておりません。しかしわれわれが勉強するのは、やはり本格のものと取り組まなければなりません。

言うまでもなく、『三国志』は後漢に続いた歴史でありまして、後漢の前に前漢があります。シナの歴史は二十四史とか、二十五史とか言われて、非常に豊富な文献がありますが、その中でも、『前漢書』『後漢書』を合わせた『漢書』は漢民族の歴史、及び哲学を知る上に欠くべからざる大切な文献でありまして、出来栄えも宜しい。

もう大分昔のことでありますが、大正時代に国民文庫刊行会という出版会がありまして、そこから初めて『資治通鑑』が堂々十六冊で国訳刊行されたことがあります。その時私は出版社の主人に〝『資治通鑑』を出すのなら、ついでに『漢書』も訳出したらどうか〟と勧めたことがあるのですが、余りにも大冊になるので他日の機会にしたいということで実現しませんでした。

『漢書』と言えば、こんな思い出があります。

第二次大戦の直前、私はヨーロッパに参りまして、途中、ストックホルムにカールグレンという、東洋史をやる者なら誰知らぬものはない有名なシナ語学者を訪ねました。

丁度四月の一日であったと思いますが、その日は名高いお祭のある日で、市を挙げてお祝いに夢中になっておりました。ところがカールグレンさんは私の訪問を心から喜んで待ち受けてくれておりまして、お祭にも出ないで、半日も話し合いました。

案内された書斎には、国民文庫刊行会の国訳漢文大成もずらりと並んでおりまして、私もさすがと感心しておりましたところ、四方山《よもやま》の話の中で、『資治通鑑』を出されたのは大変良いことであるが、何故ついでに漢書も出されないのですか」と問われたのには私も意外であった。しかし、「史実と言い、記述と言い、あんな立派なものはわが西洋にはない。プルタークの英雄伝がどうだとか、ローマ史論がどうだとか、と言うてもとても問題にならぬ」と語り出されたので私もほとほと感心したと言うか、私自身もかねてそういう風に考えておったものですから、尚更感慨を深くしたことでありました。

時間の背景

前漢はご承知のように漢の高祖から始まったわけですが、高祖という人は、豊臣秀吉に較べると、身分もいくらかましでありますけれども、全くの野人上がりで、思想家だの、学者だの、というようなものを眼中に置かなかった人物であります。『史記』にも書いてありますが、やかましい論客が来て議論を始めたら、何だ！このうるさい奴がと言って、頭巾《ずきん》をふんだくって小便を引っかけたというのですから、以て如何に野蛮な男であったかということがわかります。

従って側近も、張子房を除いては、みな似たような野人揃いで、余り学問・教養はなかった。しかし、帝王ともなるとそれではいかぬと言われて、だんだん行を積み、学問をするようになり、三代目の文帝の頃からようやく朝廷にも学問が興って参りました。

これに反して後漢の方は、初代の光武皇帝劉秀《りゅうしゅう》自身が、大の読書人で、気格も高く、又一面において哲人的な、風格も豊かな人であったため、自ずから彼の幕僚も、それぞれみな学問に励み、教養の高い人物が揃っておった。その点が前漢と後漢とは大分違っております。

道義・気節を尚ぶ後漢の風土

従って前漢は、非常に素朴であり、野生的であって、一面において粗野を免れないけれども、それだけにインテリの持たない魅力があり、又人間味の豊かなところがあります。これに対して後漢になりますと、実に教養のある、洗練された人物・業績がたくさんありまして、今日私共が読んでも、飽くことを知らぬ興味を感ずるのであります。

光武皇帝が本当の意味の学問を奨励して、人心・風俗を正すことに大層力を入れましたので、明帝・章帝と代を重ねるに従ってその成績が上がり、何よりも道義・気節を尚《たっと》ぶという気風が後漢を通じて熱烈に伝わって、後漢末になりましても、そういう意味での慷慨《こうがい》気節の士が輩出致しました。

それが次の三国——魏・呉・蜀に引き継がれて、英雄・哲人が陸続《りくぞく》として現れて来る。『三国志』は、そういう香り高い、情熱の豊かな、人材の活躍を描写した一大ドラマであって、そういう意味でのロマンティシズムというものが長く歴史の魅力となって、今日に伝わって来ておると言うことが出来ます。

その『三国志』を代表する人物が魏の曹操、呉の孫権、蜀の劉備でありまして、中でも曹操は奸雄《かんゆう》と言われた人物であります。雄には大きく分けて英雄と、奸雄或いは梟雄《きょうゆう》の二つありまして、勿論道義を本筋としたものが真の英雄、これに対して権謀術策というようなもののあらわなものを奸雄と言うわけです。

しかしその奸雄の代表と言われる曹操でも、実権を握って、もうあれども無きが如き後漢の王室を倒して、自分が皇帝の位に即くという簒奪《さんだつ》、所謂《いわゆる》易姓革命をどうしても為し得なかった。それは光武皇帝以来の道義・気節を重んずる思想・学風がまだまだ遺《のこ》っていて、そのためにさすがの奸雄も敢《あ》えて為し得なかったわけである。如何に道義や気節を重んずる学風・思想というものが大切なものであるか、ということの好い例であります。

そういう意味から後漢末の歴史をもっと詳しく解説すると、『三国志』を理解する上に一層役立つのでありますが、それはみなさんご承知のこととして話を進めて参ります。

頽廃・堕落から滅亡へ

しかしながら後漢も末期になりますと、一面において、特に王室を中心とする支配階級、政権に与《あず》かる時の政治勢力の、頽廃《たいはい》・墜落はその極に達していた。末期の霊帝などは、今日で言う世紀末的な頽廃生活にすっかり耽溺《たんでき》し、そうして異国趣味に捉われて、北方蕃族《ばんぞく》胡人《こじん》の音楽を愛し、胡族《こぞく》の服を着たり、建築を真似たりして、享楽をほしいままにする。売官売爵もひどいものでありまして、今日でも生きておる銅臭――金臭いという言葉はこの時代に出来たものです。

当時崔烈《さいれつ》という人物がおりました。倅《せがれ》の崔州平は諸葛孔明の親友で、なかなか偉かったが、親父は、何百万元という大金を出して、文部大臣のような地位を獲得した人です。

しかしさすがにいささか後ろめたいとみえて、或る日、倅の州平に、〃どうだ、世間の人は俺のことをどう思っておるだろうか〃と訊《き》いた。すると倅は事もなげに〃いや、別に何とも思っていませんよ。ただ識者はみな銅臭――金臭いと言っていますよ〃と一言に批評し去ったと言う。ここから銅臭という言葉が出て来るわけですが、今度の自民党の総裁選挙や、内閣の更迭なども、後世の歴史家は何と書くか、識者は其の銅臭を嫌うのみであります。

いつの時代も歴史というものはよく似ておるものです。もっともひどいのになると、大官が宮殿の庭園の中に売店のようなものを作って、そこで自ら酒や喰い物を売るような真似をして遊んだり、官爵の競売までやったりしております。

従ってもう天下は物情騒然となって、方々で暴動が起こる。そうなると、これは支那の歴史につきものでありますが、広く民間に普及しておる宗教団体の野心家が、大きな勢力を持つようになって、やがて革命暴動を起こす。これを教匪《きょうひ》と申します。

あちらではよく匪《ひ》という文字を使いまして、例えば、学生のああいう騒ぎを起こすようなものを学匪《がくひ》、法を楯にして民衆を困らせたりする始末の悪い役人のことを法匪《ほうひ》などと申します。かつて日本が満州を支配した時に、彼等は日系官吏をみな法匪と言うたものです。何かと言うと法律を楯にして、人民をいためるということでしょう。今でも周恩来などは日本人のことを法匪と言うております。

まあ、そういうことで、独り朝廷の腐敗ばかりでなく、一般民衆の秩序も乱れて、頽廃分子が横行跋扈《ばっこ》する。勿論《もちろん》学生も例外ではなかった。当時の記録を読んでみますと、「大学の書生三万人、皆斗筲《としょう》の小人なり。君子之を恥づ」と書いてある。斗筲の斗は枡《ます》、箕は箕《み》で、枡ではかる、つまり今日の言葉で一山百文の連中という意味です。心ある者はそういう仲間になることが恥じたと言うのです。

しかしそれにしても、当時学生が三万人もおったというのですから、その盛んなことがよくわかります。因《ちな》みに『漢書地理志』によると、漢末の地政概況は次のようになっておりまして、これは唐代に至るまで大差がないということです。

後漢末の地政概況

東西　九、三〇〇華里。南北　一三、三六八華里。
戸数　一二、二三三、六〇〇余。人口　五九、五九四、九〇〇余。
首都長安　戸数　六四七、〇〇〇戸。人口　二、四三七、〇〇〇人。
城内　戸数　八八、〇〇〇戸。人口　二四六、〇〇〇人。
全国　一〇三郡、一、三一四県。

改革・革新の火の手

大体天下・国家が頽廃・墜落するというのには順序がありまして、後漢の末期を見てもわかりますように、先ず上から始まって、知識階級に及び、やがて広く一般民衆に影響する。

そうなると必ずと言ってよいが、民間の中から、本当に気概・良識・教養を持った人物が起って、これに対する改革・革新の火の手が揚がる。これが大抵の時代に共通の筋道であります。

『三国志』の人物もそういうふうにして出来た人達であり、しかも彼等は後漢創業の光武皇帝以来連綿として続いて来た道義の学問、気節・その学風を承《う》け継いでおりますだけに、その時代・時勢に対して実に厳粛・辛辣《しんらつ》な批判や警告を行っております。『三国志』を読むものはそういう後漢末期の賢者・識者による警告や批判を見逃してはならないのであります。

その一例が荀悦《じゅんえつ》であります。荀悦は名門出の大家として有名でありますが、彼の四患・五政の論は『申鑒《しんかん》』という書物に書かれてありまして、これ又後世よく引用される名著であります。私もしばしば先哲講座などで引用しましたので、ご記憶の方も多いと存じます。

荀悦の四患・五政の論

政《せい》を為《な》すの術《じゅつ》は先づ四患《しかん》を屏《しりぞ》け乃《すなわ》ち五政《ごせい》を崇《とうと》ぶ。偽《ぎ》は俗《ぞく》を乱《みだ》り、私《し》は法《ほう》を壊《やぶ》り、放《ほう》は軌《き》を越《こ》え、奢《しゃ》は制《せい》を破《やぶ》る。四者除《ししゃのぞ》かざれば即《すなわ》ち政《せい》を為《な》すに由《よし》なし。農桑《のうそう》を興《おこ》して以《もっ》て其の性を養ひ、好悪《こうあく》を審《つまびらか》にして以て其の俗を正し、文教を宣《の》べて以て其の化《か》を章《あきらか》にし、武備を立てて以て其の威を秉《と》り、賞罰を明《あきらか》にして以て其の法を統《す》ぶ。是を五政と謂《い》ふ。

荀悦《じゅんえつ》撰『申鑒《しんかん》』

四患――偽・私・放・奢

国家には「四患」、四つの重患があって、この中のどの一つがあっても大変だが、四つ揃えば国が亡びるとして、先ず初めに偽――うそ・いつわりというものを挙げている。

「偽は俗を乱る」、確かにその通りですね。今日、内外の政治を見ても実に偽が多い。殊に日本の選挙などは、議会制民主主義の理論から言うならば、全くひどい偽です。民衆が尊敬する賢者を出すどころか、とんだ悪い人間も出て来る。正に「俗を乱る」であります。

そうして「私は法を壊り」、私心・私欲で皆法を破壊する。近頃の日本の裁判を見ておると、裁判官自からがしばしば法を壊って、不法な判決をしておる。これには裁判官自身の思想が原因しておる場合もありますが、大体はそういう思想を持った凶悪な連中の圧力に屈して、良心的には苦しみながら、文字通り心ない判決を下すということが多いようであります。

私という字の偏の禾は財貨を表し、旁《つくり》のムは、ひん曲がっておるという曲事を形容した文字で、つまり財貨を自分の都合の好いようにひん曲げて用うるのが私であります。ついでに私の反対は、ひん曲がっておるムを八、ただし、ひらく、つまり公という字であります。

「放は軌を越え」、放は放埒《ほうらつ》の放で、それが軌、レールを越える、脱線する。つまり無軌道です。「奢は制を破る」、人間の私心・私欲には自ずからそこに掟がなければならぬが、それがでたらめになってしまう。

この「偽・私・放・奢」の四つを除かなければ、国が亡びる、政治にはならぬ、と言うのであります。

政治の五政

その政治に「五政」がある。

第一は、農業・養蚕を興して、そうして民の性命を養う。

第二は、民衆は何を好み、何を悪《にく》むか、ということをよく観察し調査して、その風俗を正す。これも今の日本に大事なことです。好悪が乱れて風俗が悪くなっておること誠に甚だしいものがあります。

第三に、文教を宣示して文化・教化をはっきりさせる。これも今日は滅茶苦茶になっております。最も大切な国民教育を司る教師が自らを労働者と言い、又その組織する教員組合に至っては、悪質の労働組合と全く同じようになっております。他の組合なら如何なる大会社と雖《いえど》も、数から言っても、範囲から言っても、高が知れておりますが、教員の組合だけは全国津々浦々如何なる農山漁村の隅々に至るまで行きわたっておりますから、その影響も甚大且つ深刻であります。最も正しくなければならぬ教員の組合が悪化する、頽廃するということは、民族にとって致命的な弊害・罪悪を来たす。

第四は、「武備を立てて以て其の威を秉《と》る」。いくら思想的に極論・強弁をやりましても、今日、武力がなければ、到底国際社会に善処してゆく、安処してゆくことは出来ません。

現代は武断の世の中ではなくて、政治の世の中であるとよく言われますが、その政治そのものが、実は武力を後楯ににらみを利かせる政治戦というものになっている。国家と武力というものは昔から切り離すことの出来ないものでありまして、これを最もよく表しておるのが「國」という字であります。

これについてはかつて説明したと存じますが、今日もこの文字の示す内存に少しも変化がない。國という字は元来「或」（在る・存在する）という字を書きまして、或の下の一は大地、口は占拠・領域、戈は武力を表している。即ち一定の土地を占拠して、それを武力で守っておるのが或であります。国・領土というものは武力を以て防衛して、初めて存在することが出来るということです。

　だから或をあると読んで、存在する意味に使う。ところがその存在は、外から武力の強い者が侵略して来ると、どうなるかわからない。それであるいはと疑問に読む。又そういう或（くに）があちらにもこちらにも出来ますから、自然に外ワクの口がついて、國という字が出来たわけであります。

　今日も武力のない国というものの存在は甚だ疑問である、ということに少しも変化はありません。従って危ければ危いほどそれに対する警告が出て来る。そうすると又一方では、武力国家・侵略国家はいかんという議論が盛んに起こって、終《つい》には武力というものを忌憚《きたん》し憎悪する。やがてそのうちに武力を捨てることが進歩だということになって、とうとうご承知のように日本は、一切の武力を放棄すると憲法にまで謳《うた》うようになりました。

とは言ってもこれにはいろいろ複雑な理由もございまして、本当は占領軍司令部から謳わせられたのでありますが、兎《と》に角《かく》武力というものを否定するに至った。ところが後になってアメリカは、自分の占領軍がそれをやらせたことを棚に上げて、自分の国を自分の手で守ろうとしない日本も困ったものだ、というようなことになって来ておるわけです。今、四次防の問題が一番厄介な問題になっておりますが、問題自体厄介なばかりでなく、それが問題になる背景が更に厄介であります。

しかも日本を取り巻く国々はみな実質的に、武力国家侵略主義的国家でありまして、こんな割の悪い国は世界の何処にもありません。例えばヨーロッパ諸国にしても、大体ソ連だけを考えておればよい。アメリカなどは何処《どこ》を向いても、遠い先々のことはいざ知らず、現実にアメリカの存在を脅すような国家は見当らない。日本だけがただ独り、眼の前に大変な国々が鼻面《はなづら》を並べておる。曰くソ連、曰く北鮮、曰く中国。そういう国々の中に在って、いくら非武装国家を謳い、中立を叫んでも、観念的・感傷的議論に過ぎぬ。それこそナンセンスというものであります。

今日の日本は文字通りその存在が疑問視される、非常に危い状態にある。従って武備を確立しないと、「威を乗る」、自主独立の権威を確保することは到底出来ないのであります。

最後に「賞罰を明らかにして以て其の法を統《す》ぶ」。賞と罰とを明らかにして法律・法令を統一する。やはり政治というものは信賞必罰、賞すべきは賞し、罰すべきは罰しなければならぬ。これが乱れるくらい不安なことはありません。一々見て参りますと、今日の日本は四患・五政が揃っております。荀悦に非ずとも、到底無事に済むとも思えない。と言ってそれではこれをどうするかとなると、誠に難しい問題であります。

若き人材の事績を描いた『三国志』

後漢末におきましても、荀悦のような識者・憂国の士がたくさん出まして、如何にして難局を匡救《きょうきゅう》し打開するかということに肝胆《かんたん》を砕き、又随分正論を吐きましたけれども、時勢は滔々《とうとう》として混乱に陥りました。けれども光武以来の学問・教化のお陰で、幸いにして各地に志士・仁人が温存されておりまして、その連中が憤起して、一応後漢末の廃頽・混乱を一新し、それぞれ魏・呉・蜀の三国をつくったわけであります。

しかしその三国もやがて相争うて、遂に曹操の魏の重臣であった司馬氏によって統一され、ここに晋が出現したわけであります。

『三国志』は、その三国について描写したものであり、同時に三国を打ち立てた新興の人材の活躍を描いた一大ドラマである。しかもその中心をなすそれぞれの人物はみな若くて、二十代・三十代の青年であります。『三国志』を読みますと、そういう志があり、気概があり、教養がある、道義的精神・気節というようなものを持った若き人材の事績が、名文を以て書かれてあります。

先ずその第一がみなさんよくご承知の諸葛孔明であります。

朋友切琢——孔明と崔州平・徐元直

亮曰《りょういわ》く、前《まへ》に州平《しゅうへい》に交《まじ》はり、屢々得失《しばしばとくしつ》を聞く。後元直《のちげんちょく》に交はり、勤めて啓誨《けいかい》せらる。

諸葛孔明はこういうことを言うておる。「自分は若い頃崔州平と交わって、人間として何が得であるか、又損失であるか、ということをよく教わった。後、徐元直と交わって、ねんごろにいろいろと啓発された」と。

黄承彦の女——孔明の妻

又、孔明の夫人というのが、これは余り一般には知られておりませんが、実に立派な女で、黄承彦《こうしょうげん》という当時の名士の娘であります。しかし大変な不器量であったために、なかなか良縁に恵まれなかった。又本人も一向嫁ごうとしなかった。

そこで心配した承彦が或る日、娘に向かって〝一体お前はどうするつもりなんだ、どんなところなら嫁ぐのだ〟と尋ねた。そうすると娘は即座に〝諸葛孔明なら行ってもよい〟と言う。これには承彦も驚いた。ところが孔明はその話を聞いて、喜んでこれを妻に迎えたというのです。

よく出来た女にも二種類ありまして、美人でよく出来たのと、醜女でよく出来たのとがある。美人でよく出来たというのは申し分ないが、なかなかそうは問屋が卸さない。しかし如何に醜女でも、人間が出来てくると自然とそれが面にも現れますから、孔明の夫人もやはり何処か魅力があったに違いない。そこに道徳とか、人間の心ばえの妙味があるのであります。

醜の美

よく芸術の専門家が、醜の美でなければ芸術にならぬと申します。そうしてその醜の美の至れるものを南画では石としております。石はむくつけきものの最たるものであるが、この石が一番絵になると言うのです。西洋の絵は裸女から始まって裸女に終わるが、東洋画、特に文人画・南画は、石から始まって石に終わると言われておる。だから南画をやる者はみな最初石から稽古する。そうして本当に石が描けるようになったら、それこそ至れるものと言われる。それくらい石というものは難しい。

中国の歴史上でも最も広く文化の花が開いたと言われる清朝初期の乾隆時代に、楊州に八人の有名な芸術家が出ておりますが、その中に鄭板橋《ていはんきょう》という画家がおります。今日でもこの人の絵は大したものでありまして、特に竹の絵が得意であったので、頼まれればよく人にも描いて与えたということです。しかし石の絵だけは、わかりもしない者にやっても仕様がない、と言って滅多に人に与えなかったという。それくらい石は昔から難しいものとされているのであります。

つまり醜を美化する、素朴な美を本当の美にする、ということはそこに精神性がなければならぬということです。何億年か何十億年か経って、ようやく造化は心というものを発展させて来た。人間はその造化が開いた心を主体とする存在であります。だから肉体がいくら立派になっても、それは動物並である。肉体と共に心が磨かれ発達して、初めて人間であります。

芸術もその人間の心が出て来ないと、真の美とは言えない。殊《こと》に姿・容貌などというものはそうでありまして、所謂美貌だの、美人だのというのは、なまじ自然的材料が整っているだけに、これを芸術化するのに苦心する。と言うのは大抵美人というものは、その肉体的美に較べて内面的・精神的に劣るからであります。だから折角の美が浅薄なものになって、芸術にならない。美人薄命という言葉もそうですね、大体が心がけが悪いからである。

その代り、元来美しく生まれた人間が修養努力して、その精神美を肉体の美しさを通じて出すことが出来れば、それこそ真の芸術美・神秘的美となる。これが東洋の美の哲学です。

これは独り容貌ばかりではありません。人間も、なまじ頭が良いとか、才が利くというのは、却って人物となるのに邪魔になる。所謂学校の優等生などそうですね。少しばかり頭が良いためにそれで誤魔化しが出来るから、本当の勉強をしない。才も亦《また》然りで、小才が利くと、それで好い気になって、大才にならぬ。結局は、策士・策に倒るということになってしまう。

むしろどちらかと言うと愚、少々頭も悪く、小才も利かぬような人間の方が、根が真面目なだけに、修養努力して大人物になることが多い。あいつは少し馬鹿だと言われる人間が、賢いなどと言われる人間の企て及ばぬ人物になる。

こういうところになると、芸術も学問も同じことであります。利口馬鹿・軽薄才子という言葉があるが、文明は人間を苦労させませんから、文明が進歩し普及すると、ますますこういう連中が増えて、世を誤る。その愚者扱いされたが実は偉い人物の好い例が孔明と併び称された龐統《ほうとう》（子元《しげん》）という人物です。

愚の典型——鳳統

龐統《ほうとう》（子元《しげん》）少時樸鈍《しょうじぼくじゅん》、未《いま》だ識《し》る者有らず。若き日司馬徽《しばき》を訪《おとな》ふ。桑《くわ》を樹上《じゅじょう》に採る。統《とう》・樹下に坐し、共に語りて昼《ひる》より夜に至る。徽甚《きはなは》だ之を異とす。

龐統は少年時代は一向垢抜《あか》けたところがなく、利口な人間の目からは全くの鈍物に見えたので、誰一人注目する者がなかった。その彼が青年時代に司馬徽という当時の名士を訪ねた。丁度徽は桑の樹に登って葉を摘んでおるところであった。向こうの桑は日本のひょろひょろしたものと違って、大樹が多いから、登らなければ葉が摘めない。そこで龐統が樹下に坐って、樹の上の徽と語り始めたわけです。

そうして「昼より夜に至る」と言うのですから、随分のん気な話でありますが、それにしても、一方は未だ一青年の鈍物と言われる龐統であり、一方は当時の名士で然も鑑識に長じた徽である。よくよく話題があったと見える。そこで「徽甚だ之を異とす」、これはちょっと違っておるわい、龐統というのは普通の人間が考えておるようなぼんくらじゃない、と徽も大層感服したというのです。

この司馬徽が、「自分の近所に偉い奴がおる。一人は臥龍《がりゅう(がりょう)》（諸葛孔明）、今一人は鳳雛《ほうすう》（龐統）だ」と言った。それからあの臥龍鳳雛という名高い言葉が今日まで伝っておるわけです。

今日の時勢にも、殊に大学騒ぎなど見ておると、どこかに孔明や龐統のような臥龍鳳雛がおらぬものか、としみじみ思われてなりません。

けれどもこの三国時代の鳳雛の方は、その後蜀の重臣になりましたけれども、劉備が蜀の地にはいって間もなく、不幸病を得て早く亡くなります。鳳雛は遂に天翔ける鳳凰と成り得ずに、大宰相となり得ずに終わった。これは劉備にとっても大打撃でありました。

一方、呉にもなかなか人材がおって、多士済々であります。その代表が周瑜《しゅうゆ》であります。

周瑜

周瑜《しゅうゆ》。程普《ていふ》頗《やや》年長を以て数々《しばしば》瑜《ゆ》を陵侮《りょうぶ》す。瑜節《ゆせつ》を折《お》って之に下り、遂《つい》に与《とも》に校《こう》せず。普《ふ》、後自ら敬服して之を親重《しんちょう》す。乃《すなわ》ち人に告げて曰く、周公瑾《しゅうこうきん》と交《まじ》わるは醇《じゅん》醪《りょう》を飲むが若く、覚えず自ら酔ふ。

周瑜は赤壁の戦の花形でありますが、若い時は余り人目につかなかった。世間ではむしろ程普という人の方が重きをなしておった。そこで程普は、年も周瑜より少し上であったこともあって、しばしば周瑜をしのぎ侮った。けれども周瑜は少しも腹を立てないで、節を折ってこれに下り、一向これと張り合おうとしなかった。

ところが普もさるものでありまして、だんだん附き合ううちに、馬鹿にしておった周瑜の偉さがわかって来た。そこで後には自ずからこれに敬服して、親しみ重んずるようになった。そうして人には〝周公瑾と交わるのは、丁度こくある酒を飲むようなもので、いつの間にか気がつかぬうちに自然に酔ってしまう〟と言って、すっかり周瑜に参ってしまった。

その周瑜の主人筋に当るのが孫策《そんさく》であります。

美男子――孫策

孫策《そんさく》。策《さく》・人と為り姿顔《しがん》美しく、能《よ》く笑語《しょうご》し、性闊達《せいかったつ》にして聴受《ちょうじゅ》し、人を用ふるに善し。是《ここ》を以て士民《しみん》見る者心を尽し、為に死を致すを楽しまざる莫《な》し。策《さく》・周《しゅう》瑜《ゆ》を得て曰く、吾れ卿《けい》を得て諧《かな》ふ。

孫策は孫権の兄で、不幸にて刺客の矢に当って若死しましたが、真の天才的英傑でありまして、若しこの人が生きておったら、『三国志』は相当変わったと思われるのであります。

その孫策は、人と為り姿顔美しく、大層な美男子で、よく面白い話をしては人を笑わせ、その上心が寛《ひろ》くて物事にこだわらない性格であったので、よく人の言うことを聴き容れ又よく人を用いた。そのために士民はみな、この人のためには真心を尽くし、又喜んで死のうという気持ちを持っていた。――こういう人物が欲しいものですね。今の政党にも。

美男子と言えば、日本の戦国時代で先ず指を屈するのは織田信長であります。織田家には代々美男子・美女が出ております。しかし何と言っても美貌家系の筆頭は真田です。昌幸、幸村とみな美男子揃いでありまして、特に幸村などは水際立った美男子であり、且つ傑物であった。何処の国にも稀にはこういう人間もおると見える。だから孫策に対して、やいやい人の言うたのも無理はありません。

その孫策が周瑜に大して、「吾れ卿《けい》を得て諧《かな》ふ」、自分は君を得て本当にぴったりだ、こう言って大事にしたという。そういう道義の交わりが、『三国志』の大きな魅力となっておるのであります。

義兄弟の契り

さて、それより少し品の悪いところが孔明の主人の劉備と、関羽・張飛の三人の交わりであります。関羽などはどこの生まれかもよくわからぬ、今日で言うと、無頼の親分といった男です。張飛も似たようなもので、これは田舎の居酒屋の若主人。劉備は北支・涿縣《たくけん》の楼桑《ろうそう》という村の、言わば農村の荒物屋といったところの伜であります。しかしこれは前の二人と違ってなかなか人物も非凡で、風貌も尋常でない。耳が大きくて、自分で見えたというのですから、余程の大耳であったらしい。又手が長くて、下に垂らすと、ひざを過ぎたという。さし当たりチンパンジーかオランウータンのような人物であります。

しかしこのチンパンジーは並のチンパンジーではない。当時学識・人格共に勝れた学者として名が高かった盧植《ろしょく》という人について学問をし、そうして専《もっぱ》ら形勢をうかがっておったわけです。徐元直などと出会ったのもその頃であったのでしょう。

こういう若い連中がみな劉備に心を寄せた。関羽も張飛もそういう連中の一人であったが、不思議にこの三人は気が合った。張飛も関羽も学問はなかったけれども、やはりどこか非凡なところがあり、又気概・情熱の非凡なものを持っておったに違いないと思われます。

或る時この三人が張飛の居酒屋に集まって、裏庭の桃の花の咲いている木の下で酒を酌《く》み交わしながら、肝胆相照《かんたんあいて》らして、〝われわれ三人は如何なる因縁か同年同月同日に生まれることは出来なかったが、せめて死ぬ時だけは同年同月同日に一緒に死のうじゃないか〟というわけで所謂義兄弟の契りを結ぶ。

これからいよいよ三人の活躍が始まるわけでありますが、彼等はこの約を本当に生《き》一本に守っておる。張飛などは、曹操が術策を尽くして自分の家来にしようとしたけれども、どうしても承知しなかった。こういう若き人材の肝胆相照らす道義的交わりが本質をなして、『三国志』のあの大きなドラマが演出されておるのでありまして、そこに千載不朽《せんざいふきゅう》の魅力があるわけであります。

それでは時間もありませんので、最後に諸葛孔明が自分の子供や甥達に学問・修養の大事なことを教えた遺文を読んで、終わることに致したいと思います。

孔明の遺文

子を戒むる書

君子《くんし》の行《ぎょう》は静以て身を修《おさ》め、倹《けん》以て徳を養ふ。澹泊《たんぱく》に非ずんば以て志を明らかにするなし。寧静《ねいせい》に非ずんば以て遠きを致《きわ》むるなし。夫《そ》れ学は須《すべか》らく静なるべきなり。才《さい》は須《すべから》く、学ぶべきなり。学に非ずんば以て才を広《ひろ》むるなし。静に非ずんば以て学を成《な》すなし。慆慢《とうまん》なれば則《すなわ》ち精《せい》を研《みが》く能《あた》はず。険躁《けんそう》なれば則ち性を理《おさ》むる能《あた》はず。年・時とともに馳《は》せ、意《い》・歳《とし》とともに去《さ》り、遂《つい》に枯落《こらく》を成す。窮盧《きゅうろ》に悲嘆するも、将復《はたまた》何ぞ及ばんや。

君子の行は、落ち着いて身を修め、つづまやかにして徳を養う。何事にも無欲でなければ志をあらわすことは出来ないし、しっとりと落ち着きがなければ大いなる発達は出来ない。

そもそも学問というものは落ち着きが肝腎であり、才というものは学問が必要である。学問でなければ才を広めることが出来ぬし、落ち着きがなければ学問を完成することが出来ぬ。好い気になって怠けていては本来のうまみを磨き出すことは出来ぬし、心がけわしくてがさがさしていては人間の本性を整えることは出来ぬ。年は一刻一刻過ぎ行き、心は年毎にうとくなって、所謂恍惚《こうこつ》になって、遂に枯れ落ちてしまう。そうしてむさ苦しい家に住んでいくら歎《なげ》き悲しんでも、もうその時は遅いのである。

だから今の中にしっかり勉強せよというわけです。今日もその通りであります。

外甥《がいせい》を戒むる書

夫《そ》れ志《こころざし》は当《まさ》に高遠《こうえん》を存《そん》し、先賢を慕ひ、情欲《じょうよく》を絶ち、凝滞《ぎょうたい》を棄つべし。庶幾《しょき》の情をして、掲然《けつぜん》として存する所あり、惻然《そくぜん》として感ずる所あり、屈伸《くっしん》を忍《しの》び、細《さい》砕《さい》を去り、咨問《しもん》を広め、嫌吝《けんりん》を除《のぞ》かしむれば、何ぞ美趣《びしゅ》を損《そん》ぜん。何ぞ済《な》らざるを患《うれ》へん。若《も》し志・強毅《きょうき》ならず、意・忼慨《こうがい》ならず、徒《いたずら》に碌々《ろくろく》として俗に滞《とどこお》り、黙々《もくもく》として情に束《つか》ねられなば、永《なが》く凡庸《ぼんよう》に竄伏《ざんぷく》して下流《かりゅう》免《まぬか》れざらん。

そもそも志というものは、理想を高く遠く持って、先賢を慕い、もろもろの情欲を絶って、つまらぬことにこだわらぬようにしなければならない。

そうして望み願う心をして、高くかかげ、人の悲しむのを見ては憐みいたむ気持ちがあり、かがんだり伸びたりすることに耐え忍んで、細々したことにこだわるようなことをせず、広く尋ねて真理を求め、あれも嫌だ、これも嫌だ、というようなことを取り除くように仕向けてゆけば、どうして美しい趣を損するようなことがあろうか、必ず立派になる。又どうして成らざることを心配することがあろうか、必ず成就する。

若し志が強くなく、意気鎖沈して世の現状に対しても忼慨の心が起こらず、いたずらに凡々と世俗の中にとどまって、為すところなくしばられておれば、一生凡庸の中にまぎれこんで、人の下流に生きなければならないであろう。
昔も今も人間というものは変わらないものであります。

吾《われ》が心秤《こころはかり》の如し。人の為に軽重《けいちょう》を作《な》す能《あた》はず。

自分の心は秤《はかり》のようなものである。だから軽いを重いとし、重いを軽いとするようなことはできない。

五交と素交

勢利《せいり》の交はりは以て遠《とお》きを経《ふ》ること難《かた》し。士の相知るや、温《おん》にして繁華《はんか》ならず、寒くして葉《は》を改《あらた》めず、四時《しじ》を貫《つらぬ》いて衰《おとろ》へず、坦険《たんけん》を歴《へ》て益々固し。

権勢や財利のための交わりは永続きするものではない。しかし士がお互いに本当に相知った交わりというものは、温かいからといってけばけばしいところは少しもない、寒いからといって木の葉が落ちるように節を変えることもしない、四時一貫して衰えることはない。それどころか平坦なところや険阻《けんそ》なところを越えるたびにますます堅固な交わりになってゆくものである。

「勢利の交わり」というものは続かない。最後は又、勢利によって離れてゆくものであります。勢利の交わりを別に「勢交」とも言います。

勢交のような本当でない交わりにもいろいろありまして、昔から「五交」ということが言われております。

第一は、今申しました勢交。

第二は、賄賂で交わる賄交、今の政党などどこの賄交であります。

それから第三に、思想・議論等の、所謂イデオロギーといったもので交わるのが論交。

第四には、窮交といって、困った時に何とかその窮地を脱しよう、と然るべき人間に取り入って交わる。
最後に、あちらとこちらを秤にかけて、都合の好い方と附合う、今度の自民党の総裁選の時のような交わり、これを量交と言います。
以上が「五交」であります。

こういう交わりに対して真実の交わり、裸の附合い・生地の附合いを「素交」と申します。今日のような時局の行詰まりをどうして脱却するかということになりますと、いろいろ案がありますけれど、やはり道義・気節といったものを持った人物、又その交わりによるのでなければ、根本的にはどうにもなるものではありません。真に打開することが出来ません。

『三国志』が今も識者に好まれ、求められるというのも、そういうところに大きな意味があるからであります。青年部の諸君が『三国志』を話してくれと言うからには、是非『三国志』の人物をよく勉強して、彼等に劣らぬ気節や情熱を持って、新しき交友の道を起こして、大いに憤起して頂きたいものであります。

儒教と禅

研修会の意義

現代文明の危機は真我の喪失にあり

早いもので、この師道研修会が開かれる様になって、今年で丁度四回目でありま す。この研修会は、毎回率直に申し上げておることでありますが、世間普通の所謂《いわゆる》研修会・講習会とは全く趣を異にするものであります。

普通世間に行われておりますこの種の集まりというものは、大体似たような型のものが多いのでありますが、その大部分は年中行事に堕して、それを行わなければ団体として成立たないとか、仕事にならないとか、或は又、そういう会合を開いて予算を使わなければ、後々差し支えるとか、更には又そういうことを行って、なにか好結果を治めて、それによってその団体、その組織を支えてゆこうという、兎《と》に角《かく》なにかためにする処のあるものが多いのであります。

然しこの研修会はそういうためにするものではないので、もっと独自な真実なものを考えてやって来たわけでありまして、むしろこういう会の要らなくなることが、われわれの欲するところであります。私自身も本来こういうことは別段やりたくありませんし、出来ればこういう憂世の人間相手の仕事ははやく切り上げて、もっと無用の人間になって、自由な好き勝手なことをやりたい。その方が私自身はるかに幸福だと思うのでありますが、これが妙な運命で、又妙な要請で已《や》むを得ず、道元禅師の言葉を借りて申せば「枉《ま》げて人情に随って」こういうことをやっておるわけであります。

それでは一体何故こういうことを、夏の暑い最中にやるのか、やって何の意義があるのか、ということになりますが、兎に角、志相通ずる人々が相集まって、今日の世の中に忘れられ、等閑《なおざり》にされておる最も大切なもの、それを回復しようという事で、それはなにかと言えば、結局真実の自己であります。

言うまでもなく現代は、あらゆる方面から見て、実に雑駁《ざっぱく》・混乱を極めております。この混乱・雑駁の中におるわれわれは、どうしても自分自身を失い勝ちである。人間は、真実の自己というものを以てはじめて一切が存在するので、これを失っては、それこそ一切が無意義になってしまう。人類の意義ある歴史とか文化とかいうものは、すべて真実の自己の開発から出来上がったものでありますが、その大事な真実の自己を、現代文明・現代生活はだんだん閑却・喪失してしまっておるのであります。

これは大きな悲劇的脅威であって、結局この混乱・頽廃《たいはい》を極める今日の時代・人類を救う究極の問題は、無視され、喪失されつつあるところの真実の自己というものを、今一度把握し、これを磨き出すことより外にはなにもないのであって、これは、今日世界のあらゆる思想家・学者の一致した意見となっておるのであります。

古来宗教・道徳・学問はなんのために人間に存して来たか、養われて来たか。みなこれ真実の自己を徹見し、これを陶冶《とうや》するために他ならないので、今後の文明が若し救われる運命にありとすれば、われわれ人類が若しその破滅を免れる運命に恵まれておるとすれば、この偏し過ぎた科学・技術の文明に、更に精神的・道徳的文明を相応させることである、ということはこれは疑いのないところであります。

新《あらた》に硎《けい》より発す

そこで、少くともそういうことを弁《わきま》えておるわれわれ同人は、出来るだけ機会をつくって、許される限り世間の束縛や雑務を離れて、先ず静かなる時を得て、そうして本当の自分を、回光遍照とでも申しましょうか、本当に自分というものを徹見するということが大切なのであります。

然し折角静かな時間と自由を回復しても、俄《にわ》かにそういう雑然たる刺戟から解放されたために、却って精神が茫然としてしまったり、日頃の疲れが出て来てしまったりして、折角の時を空しく過ごしてしまって、案外まとまらぬものであります。これでは別の意味に於ける妄想にひたるだけで、何にもならない。

そこで好い契機が要る。その良い相手良い契機を得ようというのが、この研修会の本質的意義であり、又目的であると申して宜しいのであります。

私の好きな王陽明の詩に

人間白日醒猶睡　老子山中睡却醒
醒睡両非還両是　渓雲漠々水冷々

【読み下し文】

人間白日醒めて猶ほ睡り

老子山中却って醒醒

醒睡両つながら非還た両つながら是

渓雲漠漠　水冷冷

【大意】

白日の下で走り回っている者が必ずしも醒めているとは言えず、山中に臥している老隠士が却って醒めているのかも知れない。

醒も可、睡も可、人間《じんかん》に在るも可、山中に隠れるも可。
雲水の自然に天理を見る。

というのがあります。

然しこの詩は面白いけれども、これでは誤魔化しになる。陽明の様な人なら宜しいが、出来てもおらぬものがこう見たところで、要するに誤魔化しに過ぎない。昨夜も溪流の音を聞きながら、ふと蘇東坡《そとうば》の詩を思い浮べたのでありますが、これは詩と言うよりは偈《げ》でありまして、

溪声便是広長舌　山色豈非㆓清浄身㆒
夜来八万四千偈　他日何如挙似人

【読み下し文】

溪声便ち是れ広長舌

山色、豈に清浄心に非ざらんや
夜来八万四千の偈
他日何如か人に挙似せん

【大意】

渓川の音は仏の説法に外ならない。
山の姿は仏の清浄心そのものである。
一切経の数多の偈をたえず人々に説いているが、
人々は果たしてその真意を把握し、その風韻を体得しうるであろうか。

渓声も山色も無限の真理を語っておる。然しもっと徹底して言えば、この偈でも已《すで》にくどいので、「渓声広長舌、山色清浄心」で十分であります。もっとつきつめれば、道元禅師の正法眼蔵にある様に「而今《じこん》の山水道現成す」でありまして、われわれはこの余りにも枝葉末節に派生し過ぎて来ておる近代文明・近代生活から脱却して、本当の意味に於て自然というものを把握しようと思ったら、出来るだけ複雑なものを簡易化し、雑多なものを圧縮して、表現することを学ばなければならない。

又人間が出来て来れば自ら雑駁でなくなって、純一になって来るものであります。言葉遣いでも、簡にして要を得るようになって来る。もっとも簡約し過ぎると、詩や偈にならなくなって来るけれども、兎に角普段忘れておったり、気がつかなかったりしたものを発見したり、思い出したりして、真実なものを回復してゆく。

そうすると丁度旱魃《かんばつ》のために枯れておった泉なり井戸なりに、それこそ再び水が湧いて来る。所謂活きた水、活水であります。そうしてその活水の源泉に到達する、有源を発見することが出来る。そこにこの研修会の意義があるわけであります。


この間も或るアメリカの学者がやって来て、一夜十人ばかり懇談したのでありますが、この人、アメリカ人でありながら、漢籍も読める稀しい東洋の研究家でありまして、丁度その席上に或る人が一軸を持って来た、見ると「新発硎」と書いてある。新たに硎より発す。誰も分からない。

これは『荘子』の中にある言葉でありますが、曾《か》って私もこれを用いて「神気幸《にして》如ニ新《し》発《に》レ硎《するより》」（神気幸いにして新たに硎より発するが如し／精神溌剌として砥《と》石《いし》で砥いで新しく切れるようになった）と一句を作って楽しんだことがありますが、新発硎とは、つまり少し錆びたり、鈍くなっておる切れ物・刃物を砥石にかけて、砥《と》いで、新しくよく切れるようにすることであります。どうもこういう雑務と下らぬ習慣の中に生活しておると、われわれの精神も鈍って来る。これを砥石にかけて、新しくよく切れるように磨き出す。これが新発硎であります。

この研修会では、私が皆のために砥石になってあげる、硎になってあげる。勿論私の砥石は余り上等な代物とは言えませぬが、その代り皆さんも余り良い刃物でないかも知れませぬ。なまくらを粗悪な砥石で砥いでも、大したものにならぬかも知れないけれども、これはまあお互いの責任で、兎に角良かれ悪しかれ砥いでおれば、いかななまくらでも少しは錆も落ち、切れ味もよくなるでありましょう。こういうことを無遠慮に言えるのも、学問の妙味であります。

そこでわざわざ題も「儒と禅」とつけたのでありますが、本当は孔孟・老荘・禅、その他八百万皆並べても好いのであります。そうしてその学問によって、時局問題に限らず、他の種々の問題を解決してゆけば良いのであります。

われわれはこの現代社会の雑駁・混乱を極めて日々の問題にわずらわされて、自分自身を喪失しているばかりでなく、われわれ自身も亦、更にその厄介なものの中に自己を、真我を埋没させておるのであります。それはなにかと言えば雑学であります。雑学ばかりではない。もっと悪い曲学というものがある、俗学というものがある。現代は知識階級ほどこういう雑学・俗学・曲学に覆われている。

真実の自己というものは、こういうものを払い落してしまって、はじめて発見することが出来るのであります。今日は全く自己というものがどこにあるか、分からなくなってしまっておるのであります。

不昧《ふまい》因果

禅家の有名な公案の一つに不昧《ふまい》ということがあります。松平不昧公の不昧であります。一体禅というものは、普通考えておるのと余程違うのでありまして、その成立の初期に於ては、特に教団乃至《ないし》組織体系というものは持っておらなかったのであります。従って最初は洞窟であるとか、他の寺院であるとか、又道観（道教の寺）であるとか、そういった適当な場所を借りてやっておったのでありますが、だんだん求道者が増えるに従って、どうしても教団や組織を持たざるを得なくなって来た。

この組織や体系にもっとも大きな力を与えたのが有名な百丈《ひゃくじょう》和尚であります。唐の中頃の人で、今の南昌府洪州の百丈山、一名大雄山というところにおった。史書に依ると「水清くして山麗なり」とある。そこに突兀《とっこつ》たる峯があったので、百丈山という名前がついたのであります。

「一日作《はたら》かずんば、一日食《くら》わず」という有名な言葉がありますが、これは百丈和尚の言葉であります。然しこれは「働かざる者食うべからず」という共産主義者の言葉と余程趣が違うので、これに前文がついております。いつも懸命に働く師僧を心配した弟子達が「もうそんなに働かないで下さい」ととめるわけですね。すると百丈は「わしは徳のない人間だ。せめて働きでもしなくてはいかぬ。何にもしないで、のらくらしておるのは、わしは好かぬ」こう言って「一日作かずんば云云」と言われたのであって、働かずして食わず、百丈和尚は全く自由主義の立場であります。その百丈和尚のところへ、或る日一人の修行僧がやって来て「如何なるか是れ奇特のこと」近頃めずらしい話はありませぬかと質《たず》ねた。すると百丈和尚は「独坐大雄峯」と答えた。これを一知半解《いっちはんか》の坊さんなどが、なにかこう、富士山のてっぺんにでも坐ったように達観せよ、と説くのでありますが、そうではないので、わしがこうしてここに坐っておることくらい、変ったことがないじゃないか、という極く平凡な話なのであります。それだから面白い。

みんな自分のことを忘れてしまって、なにか変ったことがないか、と目を皿のようにして探し廻っている。しかしそういう世間の出来事などというものは、別段変ったことではない。これが分かれば本物であります。

この百丈和尚が提唱をされる時、必ず席末に坐って聴聞する一人の老人があった。或る時提唱が済んでみんな散会したが、この老人一向に起《た》とうとしない。そこで百丈和尚が「お前は誰れか」と言って訊かれた。すると老人は「私は昔、過去七仏

（迦葉仏《かしょうぶつ》）の時代に、洞穴にあって、人に説法をしておったのですが、或る日一人の修行者から、大修行をしたものは因果に落ちざるかと質問されて、不落因果と答えました。そのために野狐に生れ変って、いつまでも成仏出来ず、この後の洞穴に住みついておるのです。改めて和尚さんにお尋ねしますが、大修行をしておる人は因果に落ちないのでしょうか」と言う。

そこで百丈和尚は言下に落を味の一字に代えて「不昧因果」と答えられた。するとその言葉を聞いた野狐は忽《たちま》ち救われて、成仏したという。因果に落ちずではない因果に昧《くら》からずである。かくすれば、かくなることと知ることである。

原因あるところ必ず結果がある。法華経に十如是《ちゅうにょぜ》と言って、如是相・如是性・如是体・如是力・如是作・如是因・如是縁・如是果・如是報・如是本末究竟《くきょう》等と説いておりますが、自然と人生、宇宙と造化、みなこれ永遠なる因果の連鎖であります。自然科学はこれを探究して、法則を発見し、これを応用して、近代産業を建設した。これは一つの不昧因果であります。

今日の人間は余りにも因果に昧過ぎる。今次の大敗戦、その後のあさましい混乱・堕落、みなこれ不落因果と信じたところに大きな誤りがあったわけであります。

【解説】十如是とは、諸法の実相（存在の真実の在り方）が、相《そう》（属性）・性《しょう》（本質）・体（形体）・力《りき》（潜在力）・作《さ》（作用）・因（原因）・縁（条件、間接的原因）・果（結果）・報（果報、間接的結果）・本末究竟等《ほんまつくきょうとう》（相から報に至るまでの九つの事柄が究極的に無差別平等であること）という十の範疇において知られることをいう。鳩摩《くま》羅什《らじゅう》の法華経にのみ見える。

この百丈山の近くに近くに鍾陵《しょうりょう》というところがあります。ここに裴休《はいきゅう》という、やはり唐代を通じて逸することの出来ない、儒学にも禅にも悟入しておった傑物がおります。後に唐末宣宗皇帝の宰相になった人でありますが、この時は鍾陵の知事をしておった。

或る時南昌の隆興寺といって、禅僧のよく集まる寺に遊んだところ、一つの肖像を発見した。豎《じゅ》僧に質ねると、高僧の尊像であるという。成る程尊像は確かにある。

しかし高僧はどこにあるかと重ねて質ねた処、豎僧は答えられない。そこで誰か禅者は来ておらぬかと訊いたところ、一人おると言う。そうして連れて来られたのが黄檗《おうばく》希運であります。

そこで裴休は黄檗希運に「実はここに高僧の尊像があるが、一体高僧はどこにおるのか」と質問した。どういうことですかと黄檗が問い返すと、裴休は前問をくり返した。途端に希運は「知事閣下」と呼んだ。裴休が「はい」と答えると、「裴休その人はどこにあるか」と裴休の言葉をそのまま投げ返した。裴休もこれには感動して、黄檗と無二の交りを結んだという。

これに似た話が日本にもあります。楠正成が奈良の片ほとりを歩いておった処、一人の僧侶と懇《ねんご》ろになり、だんだん話をしておるうちに、突然その僧侶が「楠左衛《さ》門《え》尉《もんのじょう》正成」と言うから「はい」と答えると、「それはなんだ」と言う。そう質問されて、正成は忽然として悟入したというのであります。

この話は裴休と黄檗の話に由来するのか、正成の求道を表わすために出来たのか、兎に角われわれは肝腎なものを忘れてしまっております。その忘れたものを、何かのきっかけで分かって愕然《がくぜん》とする、惕然《てきぜん》とする。そういう一つの自己を磨く、砥石にかける、これが研修会であります。

心養とは世の常の心を遺憾なく発揮する事なり

兎に角禅は、唐代に、特に湖南に於て勃興したのでありますが、この百丈和尚と並んで有名なのが石頭という大禅師。その教えを受けたのが天皇道悟、その後を継いで竜潭崇信《りゅうたんすうしん》、崇信の教えを受けたのが徳山宣鑑《かん》であります。

この徳山あたりから、黄檗・臨済と続いて、だんだん禅も専門化して難しくなり、色々な奇言奇行も現われて来るのであります。もともと徳山は四川省の人で、特に金剛経に精通した人でありますが、当時江西や湖南には、禅が非常に盛んになって、教外別伝《きょうげべつでん》・不立文字《ふりゅうもんじ》とか、直指人心《じきしにんしん》・見性成仏《けんしょうじょうぶつ》とか言って、あやしげなことを言いふらすのが気に入らぬ。これを一つ論破してやろうというので、先ず長安の青竜寺にゆき、ここには有名な金剛経の経疏《きょうしょ》があって、弘法大師をはじめ日本の名僧も随分ここに参りました。

【解説】禅宗の宗義をあらわす代表的な言葉。教外別伝・不立文字とは、教説の外に、体験によって別に伝えるものこそ禅の真髄であり、経綸の文字を離れてひたすら坐禅によって釈尊の悟りに直入する意。また、直指人心・見性成仏とは、禅は文字や教説によらず直接人の心をとらえ、自己の仏性を覚語するのを以て成仏とする意。

徳山はこの宗書を背負って、先ず竜潭崇信《りゅうたんそうしん》を論破すべく、はるばる湖南にやって来るわけであります。そうしてその途中山下の茶店に立寄ったのですが、一人の婆さんが餅を売っている。そこで点心をくれと注文した。点心とはお八つの事で、疲れた時にちょっとつまむと気分が変る。所謂心境を転換するというので点心、そこにお八つの意味がある。

そうしたところこの婆さんが徳山の背負った荷物に気がついて、「一体それは何ですか」と訊ねた。「金剛経疏」だと答えると、その婆さんは「それじゃ一つ質問します」と言って「金剛経に、過去心不可得。現在心不可得。未来心不可得。我今那箇《なこ》の心を以てか此の室に入る、と言うておりますが、あなたは今点心をくれとおっしゃった。一体なんの心を点じようとなさるのか」と。

さあ、さすがの徳山も返事が出来ない。そこで徳山は忽然《こつぜん》として悟り、遂に竜潭崇信に弟子入りするのであります。

この二人に関して今一つ面白い話があります。

或る晩のこと徳山が崇信の室で話をしておったところ、「もう大分夜も更けたようだから、下がって休まぬか」と言われた。そこで徳山は引き下がって、外へ出たが、真の暗闇で一寸先も見えない。仕方がないので引き返して、このことを崇信に伝えたところ、それじゃと言って、手燭を渡してくれた。処が、有難うございます、と言って受け取った途端に、崇信はその灯を吹き消してしまった。その時に徳山は豁然《かつぜん》として悟るのであります。

この話は実に限り無き示唆をわれわれに与えるのであります。

この徳山を鍛えた崇信の仕えたのが、これ又有名な道悟和尚であります。然し道悟は一向に修養・求道の要諦――これを心養という――を教えようとしない。そこで或る日のこと崇信は師の道悟に向かって「お仕えして随分と久しいが、一向に求道の心養をお聞かせ願えませぬ。どうしたことでしょうか」と質問した。

すると道悟はかたちを改めて「わしはいつもお前に心養を教えておる」と言われた。これを聞いて崇信も頓悟《とんご》するわけでありますが、「それではこの心養をどうして守ってゆけばいいでしょうか」と重ねて質問した。その時に与えた道悟の偈が、

任《せて》レ性《に》逍遥《しょうようし》。随《って》レ縁《に》放《ほう》曠《こうす》。但《だ》尽《すのみ》二凡心《を》一。無《し》二別《の》聖解《しょうげ》一。

【読み下し文】

性に任せて逍遥し、縁に随って放曠す。但だ凡心を尽くすのみ。別の聖解無し。

【大意】

己れの本性のままにゆったりと歩み、縁に随って任せ切る。ただ、己れの平常の本心

を遺憾なく発揮するのみ、それ以外に別段のすぐれた方途は無いのだ。

世の常の心を遺憾なく発揮する、本性のまま放曠することであります。縁に随って放曠する。二つのものがあっても、縁によってこそはじめて結びつくので、一切は縁起であります。縁に随ってまかせる。心養などと別にあるわけではない。ただ世の常の心を遺憾なく発揮するだけのことである。

私の友人に、この間亡くなりましたが、生前どうも人は好いのだが、何故か夫婦仲が悪かった人がおる。いい年をして、家庭が面白くないものだから、しょっちゅう酒など飲み歩く。或る晩宴席で一緒になったので、折合いが悪いからといって、くよくよしてどうなるのだと言った処が、彼も成る程よく分かったと言って、それからぷっつりと奥さんの不平を言わなくなった。

何事も縁、学問・求道にもやはり縁というものを持たなければならないのであります。徳山はこういう心を称して無心と言っております。

参学の意味

要するに無事・無心を説いておるわけであります。しかし人間はそうはゆかぬので、小事に拘泥《こうでい》して明け暮れして、なかなか無事・無心になれない。徳山は、ちょっと下らないことを言うたりすると、「徳山の棒」と言って、警策《きょうさく》をとってはよくひっぱたいたそうであります。百丈や臨済なども随分と辛辣《しんらつ》であった。分かりもせぬのに、下手に相槌などうつものがあると、直ぐひっぱたかれている。実際麻痺した人間の精神を揺り動かすには一つの衝撃を与えるのが一番よい。これが警策というものであります。

今日はすでに医術や宗教心理学などでも、これを実行・実験しております。丁度火事だと聞いた途端に、寝たっきりの重病人が飛び起きて、重いものでも平気で持って走るのと同じこと、ここが機というものであります。

本当の学問や修養というものはこれは禅でも儒でも同様で、人間と人間、精神と精神、人格と人格が火花を散らす様にやる。これを参学道、参ずると言う。分かったのか、分からぬのか、ノートをとって、又それを受け売りする、などというような学問や学校勉強は、これは雑学・俗学というもので、所謂学問・求道の中には入らない。

この事をはっきり書いて、指摘しておるのが参学の心訣《しんけつ》であります。

参学の心訣

古人の云はく、言外に意をさとるも、既に第二に堕すと。いかに況んや其の言を記録して、人に与へて見しむるをや。習ひ伝へたる法門を胸の中にたくはへ、紙の上にかきつけて、展転して人に授け与ふるは末なり。まことは唯機に対する時、直下に指示するのみなり、これを覿《てき》面提示と名づく。撃《きゃく》石火・閃電光にたとへたり。その蹤《あと》をもとむべからず。是れ参学の心訣なり。

これは足利直義の教わった夢窓国師《むそうこくし》の「夢中問答」の中にある一文であります。甎はまのあたりに見るという意味で、今は覿という字を使っております。

本当の参学、本当の人格の切磋琢磨というものは、撃石火・閃電光、つまり石をすって火花が散り、又稲光りがぱっと閃くように、人物と人物、精神と精神が電光のように、触った途端に火花を散らす、それくらい真剣できびきびしたものでなければならない。この精神、このねらいを最も徹底しようとしたのが禅であります。しかしこれはなにも禅に限るものではないので、他のあらゆる道にも通じる極意の問題なのであります。

そうして日常こういう思索でだんだん鍛え上げてゆくと、自らそこに独特の人格が練り上げられて来る。そうしてはじめてそれが本当の自己という人物になり、又自己の仕事にもなるのであります。そういう風に人間も進歩して来れば、恐らく社会のくだらぬ問題等は大てい消滅してしまうでありましょう。こういう大事な人間の問題、又精神や学徳の問題を忘れてしまって、物質経済の方にのみ進んで行ったところに、今日の少からざる政治的・社会的混乱がある、と言っても少しも間違いがないのであります。

そういう意味から申せば、結局もう一度われわれの祖先の人達がやって来たような学問・修行の道を復活することが、今日の世界を救う一番の近道になるでありましょう。但しこれはなかなか難しい事であります。そこでわれわれとしては、先ずそういう先哲に学ぶ事が肝腎であります。

この間も必要があって、伊藤仁斎に関する書物を読んだのでありますが、徂徠《そらい》門下であの口の悪い太宰春台《しゅんだい》が仁斎を評して「仁斎は学問にて練りつめて、徳を成したる人なり」と言っております。又名前は忘れたが、「なんとなく一緒に居りたき人なり」といったような評をしておる人もあります。本当に練りつめて、徳を積めば、人格と雖も一つの芸術であります。そういう人とは、なんとなく一緒におりたい。だから決して寂しくない。これを「徳は孤ならず、必ず隣有り」というのであります。

儒だの禅だのなんだのと言うけれども、そういうことは枝葉末節のこと、本当に道に入れば、みな同じことであります。

光明蔵

黎明礼讃

昨日は参学の心訣を一緒に読んだのでありますが、これが本当の儒と言わず、禅と言わず、東洋最高の学問・教育・求道の第一義であります。さて、今日は早朝の講義でありますが、朝というものは良いもので、確か「師と友」の八月号の巻頭にも出しておいた筈ですが、朝について西洋にも昔から人口に膾炙《かいしゃ》している名言があります。

There is only the morning in all things.

朝こそすべて

又、ギリシャの格言に

In the morning of life, work ; in the mid-day, give counsel ; in the evening, pray.

世に処しては朝に働き、昼には世のため人のために、夕べには祈れ。

確かに朝がすべてと言って宜しい。朝の一時間は一日に該当する。早速「光明蔵」に入ります。

化性の世

今天下、詖淫邪遁《ひいんじやとん》の言畢《ことごと》く経生学士に見る。魑魅《ちみ》昼現はれ、変怪百端《へんげひやくたん》なるが如し。又怪物人に憑《つ》き、笑啼怒罵《しょうていどば》、総て自主ならざるが如し。吾れ幾《ほと》んどその心無きに病む。心無し、故に文もなく、理もなし。是の無文無理の人を以て、此の無政無声の世を造る。影響の如く然り。

―（明）劉念台《りゅうねんたい》―

この劉念台《りゅうねんたい》という人は、明末の哲人であり、碩学《せきがく》でありますが、又日本にも大きな感化を及ぼした人であります。殊に幕末の学者や志士達には多大の影響を与えました。

例えば京都の春日潜庵《かすがせんあん》にしても、劉念台の名著である『劉子人譜《りゅうしじんぷ》』を自ら復刻しております。潜庵という人は、学者にして英傑というか、兎《と》に角《かく》西郷南洲など弟の小平兵衛をこの人につけておりますし、手八丁口八丁の横井小楠ほどの人にして、尚潜庵には恐れをなして逃げた形跡があります。又潜庵の弟分で、但馬聖人と言われた池田草庵《そうあん》も、劉念台の学問によって大いに啓蒙されております。

本文は、明末の混乱頽廃した時代を描写したもので、そのまま今日の日本に当てはまることであります。

「今天下、詖淫邪遁の言畢く経生学士に見る」。詖淫邪遁は詖辞・淫辞・邪辞・遁辞の事で、『孟子』の中に出て参ります。

詖は偏った思想・言論。例えばマルクス・レーニン主義とか、変な唯物的史観、或は近頃のビート的思想などというもの。

淫辞は、なんでもかんでも自分の考えたところにこじつけてしまう。つまり自分のためにするところのある議論。例えば警職法だ政防法だというと、すぐ帝国主義や軍国主義に持って行ってしまう。気に入らぬものはみんなそこへ結びつけてしまう。

それから邪辞というのは、自分の心の中にある邪執・邪念に理窟をつける。人間胸に一物あれば、理窟はどうにでもつけられるものであります。ユーモアの名人であった同人の吉村岳城《がくじょう》氏は「自分は漬物は好きだ。だがたった一つ嫌いな漬物がある。それは理論漬というやつだ」と言ってはよく人を笑わせたものであります。

遁辞というのは、言い訳、逃げ口上。今天下に流行の、こういう間違った言論・思想というものは、経生、今日の言葉で哲学書生、所謂知識人、そういったものにあらわれておる。その化け物が昼出て来て、色々様々に化けて出るようなものだ。

又妖物、あやしげなる化け物が人に憑いて、笑う、泣く、怒る、罵るで、そこには何の自主性もない。背後に操るものがある。

今日の日本も全くその通りであります。節義も廉恥もあったものではない。文章や歌でもそうであります。


この間も久し振りにちょっと日比谷の音楽会に行って見たが、なんの修養も修練もしていないような人相の人間が、頭のてっぺんから声を出して、独唱しておるのを聞くと、本当に狐憑きかなにかのような気がしました。東洋の伝統的な発声法は腹から声が出るものです。かつてドイツに行った時に、ウイーンやベルリンの国立劇場に招待されて、あちらの歌を聞きましたが、東洋の発声法とはまるで違うけれども、名人の歌うものは、やはり彼等なりに奥深い力強い発声をしております。それを真似した日本のヒステリーのような声とは全く違う。

「吾れ幾《ほと》んどその心無きに病む」。こっちの方が病気になる。心がない。だから本当の文化・教養というものもなければ、真理・哲学というものもない。この本当のものを持たない人間を以て、世の中をつくっておるから、政治もなければ、教化もない世の中になってしまうのも無理はない。影響の如く然りでありま す。無声の声は、今日の言葉で言えばP・R、広い意味の教化であります。

Acquisitive society

兎に角変な世の中で、今日劉念台の慨歎した当時と同じこと、本当に変でありま す。政治・経済・教育・その他百般の事象みな変であります。社会のつまらない現象でもそうで、泥棒でも掏摸《すり》でも、くだらない盗み方、掏り方をする。昔は泥棒や掏摸は人を殺さなかった。殺人にしても昔の人のやらぬ殺し方をする。道の衰える時には、すべてが衰えるものです。これは衰える、というよりは荒んでおる証拠であります。

社会学者はこれを現代の特徴として、Acquisitive society つまり我の強い、欲の深い、始末の悪い社会となったと言っております。実際その通りで、恐れるとか、恥ずかしいとか、はばかるというような精神がなくなってしまっております。

いつか大阪でお話しした、近頃の若い世代の流行語になっている5S、5Dにしても（5Sは男の方でSpeed, Srill（Thrill), Sex, Steel, Shot, 5Dは専ら女の方でDrive, Date, Dance, Drink, Dutch Account）本当に正気の沙汰ではない。若いB・Gなどは、結婚することを夫帯すると言う。男が妻帯すると言うのだから、女は夫帯するのだと言う。又真面目な女の子を褒めると、「あの娘は化繊よ」と言って軽蔑する。化学繊維は純毛と違って虫がつかない。だから化繊娘は男もつかんということであります。

これだけでも、世の中は一体どういう風になってゆくだろうか、と心配せざるを得ないので、これも一つのシンギュラー・ポイント（特異点）であります。これが春夏秋冬の様に、いつの間にか自然に真面目に変ってゆくか、或は自業自得の破局に陥るか、神のみが知るところであります。

然し人類興亡歴史哲学を少し探究すれば、はっきりと答えの出る事であります。例えば有名なモンテスキューの『ローマ史論』とか、或はギボンの『ローマ衰亡史』であるとか、近くはドイツのシュペングラーの『西洋の没落』、トインビーの『歴史の研究』。東洋では史記や通鑑など。こういう書物を少し耽読すれば、人間の栄枯盛衰の原理というものが、昭々として目に映るのであります。その興亡の原理を兵家の中からとり出したのが、呉子の一文であります。

興亡の原理

夫れ道とは本《もと》に反《かえ》り始に復《かえ》る所以なり。義とは事を行ひ功を立つる所以なり。謀とは害を違《さ》り利を就《な》す所以なり。要とは業を保ち成を守る所以なり。若し行・道に合はず、挙・義に合はずして、而も大に処《お》り貴に居らば、患必ず之に及ばん。是を以て聖人は之を綏《やすん》ずるに道を以てし、之を理《おさ》むるに義を以てし、之を動かすに礼を以てし、之を撫《ぶ》するに仁を以てす。此の四徳は之を修むれば興り、之を廃すれば衰ふ。故に成湯・桀《けつ》を伐《う》ちて夏の民喜説《えつ》し、周武・紂《ちゅう》を伐《う》ちて殷非《いんそし》らず。挙《みな》天人に順《したが》ふ。故に能く然り。

―呉　子―

兵家は詭道《きどう》・詐術《さじゅつ》を論じながら、これは已むを得ざるの道であって、結局はその詭道・詐術も亦厳粛な道に基づかねばならぬ、ということを説いているのでありま す。兵家の論もここに至れば、やはり正統思想を一歩も出ない。興亡の歴史を見ると、全く本文の通りで、この原則はいつの時代にも変らないのであります。

その原理の第一は撥乱反正《はつらんはんせい》から始まる。乱を治めて正に返す。動乱に陥っている世の中をなんとか治めて、秩序を回復する。これが行われるか、行われないかによって、運命が定まる。今の日本もどうやらここに来ておるのでありまして、政治に限らず、あらゆる面での指導者が出て、この乱脈の変態の社会を撥乱反正に持ってゆかなければ、それこそとんでもないことになってしまう。

その次は、この撥乱反正によって、創業垂統《すいとう》という事がはじまる。折角新しい建設がはじまっても、統を垂れて後継をつくって、その建設を継承してゆかなければ、それ限りで終ってしまう。信長や秀吉にはそれが出来なかった。そこへゆくと家康は偉い。実に三世紀に近い政権の維持を成し遂げて、その間によく秩序を確立して、そうして国民文化というものを固めたのであります。

その創業垂統《すいとう》が家康に何故出来たかと言うと、結局は学問・教えがあったからであります。家康は信長や秀吉と違って、政治に学問というものを立てておる。又自らもそれを修めておる。そこが違うところであります。

さて、その創業の哲人が後継を遺して去ると、その後に継体守文《けいたいしゅぶん》の時代が来る。体を継ぎ、文を守る。先代の創造した組織を継いで、その文化を守ってゆく、文とはその中に現われて来る思想・言論・制度等一切を含めた文化をいう。従ってどうしても消極的になる。

日本近代史で申せば幕末の志士達によって撥乱反正が行われ、明治維新によって見事に世界の奇蹟を創業したのであります。それが統を垂れて、それを受取って、明治後半から大正へかけてそれを手堅く守って行った、所謂継体守文の時代であります。この時代の人物は皆手堅くて、間違いはない。けれども撥剌《はつらつ》たる生命というか、情熱・感激というようなものがなくなって来る。それでもこの時代は、創業垂統に近いために堅い中にもまだ多少のなにか生命が残っております。

しかしこれがずうっと続いてゆくと、そういう情熱とか気魄《きはく》というものは全く失われてしまって、ただ無事に済みさえすればよいという時代になる。これを因循姑息《いんじゅんこそく》というのであります。姑は女が古くなった、というのでしゅうとめ婆さん、女は亭主を持ち、子供を抱え、貧乏生活をしてゆくと、我慢強くなると共に、情熱や意気を失って、何事も事勿れ主義になる。だからまあまあという字。息はやむ、憩うで、まあ安全第一主義であります。

こうして因循姑息が続くと、又それに乗ずる新たな不平・不満・混乱・頽廃が生れて来る。健康でも同じこと。余り消極的になると、生命力が衰える。衰えると、ちょっとしたことにも弱くなって、あっちがたがた、こっちがたがた、医者にかかって、薬を飲むと、又その副作用を起こす。

国家も余り因循姑息に過ぎると、民衆も心あるものは、それに対して不満を持つ。異心・邪心のあるものはとんでもない横暴をやる。それを又外国が煽動するということになって、あっちもこっちもがたがたして来る。これがひどくなると、結局は滅亡にゆくか、さもなくば運命に恵まれて、撥乱反正になる。これが興亡の原理であります。

一体道というものは、常に本に返り、始めに返って、永遠に連鎖循環してゆくものである。この道に基づいて事を行い、功を立てるのが義というもので、それをさまたげる害を去り、利をなしてゆくのが謀というものである。謀の要は、如何にして業を保ち、成を守るか、つまり継体守文ということである。

若し行が道に合わず、行は総体的、挙は具体的、その挙義に合わずして、しかも大いなる立場、高い地位におれば、必ず患いがこれに及んで来るであろう。この故の聖人は、これを綏んずるに道、理むるに義、義は道の応用。動かすに礼、礼は秩序・調和。撫するに仁を以てする。

この道義礼仁の四徳は、修むれば興り、廃すれば衰えてしまう。だから成湯は桀を伐って、民は喜び、周武が紂を伐っても、殷はそしらない。みな天人一貫の理に順《したが》うからである。誠に故に能く然りであります。

真理というものは恐ろしいもので、盲目が千人おれば、目明もやはり千人おる。大衆も長い目で見ると、案外馬鹿にならぬものであります。みな良心を持っておる。この良心を開発する言論や行動が、特に政治や教育に欠けている。そこに不安があるわけであります。

いつかも二、三の政治の当局者に言ったことですが、いつも総理が「日本は他の国と違って、中国の民に親近感を持っているから中共問題もそう簡単に決められない」と言うのですが、この夏だったか香港の星島日報がこれを批判して、特別の親近感を持つが故に、悪虐な中共政権を尊重する、というのは大きな間違いであると言っております。われわれは事大主義に陥ってはいけない。事大主義になれば兇悪なるものが益々力をふるう結果になる。

これを救うものは、英邁なる人物の出現するのが一番の早道である。しかしただ期待するだけではなんにもならないので、やはり心あるものが出来るだけ、自らをエリートたらしむるべく自覚し、又努力することが大事であります。

特に次の世代を担う若き人々をして、そういう学問・修養に努力させようとすることが、意外にはやくその国家、その民族を救う所以になる。結局最後は教育であり、学問であります。然し独りではどうも心細い。どうしてもそこに、同志の切磋琢磨が要るのであります。

時世と朋友（一）

世衰へ、俗下り、友朋中、平生最も愛敬する所の者と雖も、亦多くは頭を改め面を換へ、両端の説を持して以て俗の容るる所を希《ねが》ふ。意思殊《はなは》だ衰颯《すいさつ》、憫《あわれ》むべしと為す。吾兄の若きは真に道を信ずる之篤く、徳を執《と》る之弘しと謂ふべし。何ぞ幸なる、何ぞ幸なる。

―王陽明の黄宗賢与ふる書―

【大意】世の風俗人心がすっかり衰微してしまって、同志の友朋の中でも、日頃、最も愛敬する者でさえ、表面だけを改めて態度を変え、どちらともつかぬ曖昧な説を述べて、世俗の名誉や利益を求めて迎合するようになってしまった。これは、人心・精神がすっかり衰えてしまったあらわれで、あわれむべきことといわざるをえない。そのような中で、貴君のごときは、『論語』子張篇に説く「道を信ずること篤くして徳を執ること弘し」そのものの立派な態度でいてくれる。何と幸いなことであろう。

われわれはこの精神を以て、同志を激励し、又自らを鍛えなければならない。つい先日も中共から帰って来た私の知人が、これは行く前に私のところに来て、あちらでの心構えを聞いて行ったのでありますが、さて中共から帰って来たら、感心してふらふらになっている。

北京に行ったら、政党をはじめとしていろいろな日本の訪中団が、三百人以上も招待されて、滞留しておったそうであります。丁度その時、人民公会堂といって、何千人も入るホールで、共産党の志賀義雄氏の送別会があった。いや、もう実に盛んなもので、全くの英雄扱いで、恐らく志賀氏自身も天に上ったような心地であったろうという。中共はなかなか大したものだ、日本は駄目ですよ。そう言って感心している。こういう連中が非常に多いのであります。

「頭を改め面を換へ」根本が確立しておらぬから動揺する。それこそ「両端の説を持して」ああでもない、こうでもない。その心のつかい様というものは「殊だ衰颯」秋の季節の様にうら淋しい。誠に憫むべし。しかるに「吾兄の若きは真に道を信ずる之篤く、徳を執る之弘しと謂ふべし」こういう同志を激励しなければならないのであります。

時世と朋友（二）

向《さき》に吾が成之（徐成之）の郷党中に在るや、刻励して自立す。衆皆非《そし》り笑うて以て迂腐《うふ》と為す。成之・為に少しも変ぜず。僕時に稍《やや》愛敬することを知って、衆の非り笑ふに従はずと雖も、然も尚未だ成之の得難きこと此の如きを知らざるなり。

今や成之の得難きことを知れば則ち又朝夕相与《とも》にするを獲《え》ず。豈《あに》大いに憾《うら》むべきに非ざらんや。

―王陽明の徐成之に与ふる書―

【大意】徐成之は郷里の同学の者の中でも特に刻苦勉励して独立独行しているのに、仲間達はみな、迂遠で物の役に立たない学者と笑い者にしていた。しかし、彼はそんなことは全く意に介せず、己が信念を少しも変えなかった。以前その話を聞いたとき、自分は彼に敬愛の気持ちを抱き、一般の人のように笑い者にこそしなかったものの、それでも徐成之がこれほどの得難い人物とは知らなかったのであった。それほど期待し嘱望する彼と、日々共に道を学ぶことができないことが何としても惜しまれてならないことだ。

（同郷の篤学の好青年である徐成之に、共に学ぼうではないかと勧誘した手紙文の一部である。）

一体この大衆というものは、自分の私生活だけで精一杯で、平生見たこともなければ、聞いたこともないような世界の問題がのしかかって来れば、判断はおろか、第一内容が分からない。これは当り前のことであります。だから風の吹き廻しでどうにでもなる。

この一般大衆が国民の七、八十パーセントあるわけでありまして、その残りが知識階級、その中でも大なり小なりの指導性を持つ指導階級、そうした特に支配的地位を占める現役の責任当局階級、こういう階級が国民の中にあるわけでありますが、その知識階級や指導階級がこれまた甚だ頼りにならないので、力の強い方に支配される連中が非常に多いのであります。地位や責任があればあるほど所謂因循姑息になる。万一やり損っては大へんだというので、なるべく問題を回避しようとする。だからソ連や中共が横暴になって来ると、譲れるだけ譲って、これと妥協する。結果は朝に一城を奪われ、夕に一塁を抜かれるということになる。だから西洋でもコンプロマイズという語には、妥協するという意味の外に、妥協によって大事なものを失うという意味がある。

しかしそれよりももっと悪いのは、自ら高い見識や教養を持っておる、と自認する人間によくある一種の虚栄心、誤まれる自負心に基づく複雑な心理であります。これは一種の敗北主義であって、こういう連中は平気で、「もう日本は駄目だ」という風に、事もなげに引導を渡す。そのくせ内心では、「俺はいかにも卓見を持っているのだ」という誇りを持っている。こういう連中が、真剣に憂え、且つ行動するものを鼻先で冷笑する。それこそ一種の妖物であります。こういう連中をどう救ってゆくか、難しいことであります。

現在わが国の経済は非常な好景気であります。しかしその好景気なるものは甚だ当てにならぬので、昨日まで神武以来の好景気だと浮かれておったと思うと、一夜明くれば、忽ち神武以来の不景気のどん底に落ちてしまう、という誠に秋の天気のような日本経済でありまして、その道の専門家はみな心から心配しておるのであります。兎に角あらゆる意味から、勝れた指導的人材の奮起をうながす外はないのであります。

常に天下は少数によって起こり、少数によって亡びる。徹底して言うならば、国家は一人にして起こり、一人にして亡びるのであります。そういう意味で如何に同志というものが大切であるか。しかしこれを鍛えようとするには、やはり艱難辛苦と取組まなければならない。そこで先ずわれわれは、真の幸不幸、大自在というものを味わわなければならないのであります。

真の幸不幸

或人問ふ、人、患難に遭ふ、これ不幸なる事か。曰く、患難は亦これ事を経ざる人の良薬なり。心を明らかにし、性を錬り、変に通じ、権に達する、正に此の処に在って力を得。人生最も不幸なる処は、これ偶々《たまたま》一失言して禍を獲ることなり。後乃《すなわ》ち視て故常《つね》となし恬《てん》として意と為さず。則ち行を取り検を喪《うしな》ふことこれより大なる患なし。

――格言聯璧《かくげんれんぺき》――

【大意】ある人が「人が患難に遭うことは不幸なことか」と問うた。これに答えていう。「患難というものは、若く経験不足な者にとっては良薬である。己の本心を明らかにし、己の本性を鍛えて臨機応変に対処しうるようになるのは、患難に遭うことによってなのだからである。逆に、人生で最も不幸なことは、たまたまちょっとした失言をしても大したことにならずに済んでしまう。あるいは、たまたま間違って計画をしても僥倖にも事が成就する。あるいはまた、勝手なことをやって小利を得る。そんなことが重なると、世の中はそんなものだと一向に反省しなくなる。これほど人間を駄目にすることはない。これこそ人にとって最大の患難なのだ」と。

たまたまちょっと失言した。大ていの場合はひどい禍を受けるが、偶然にも大したことにならずに済んでしまう。或はたまたま間違った計画をして、それが失敗を招かずに僥倖《ぎょうこう》にも事が成就する。或は又ほしいままな行いをやって、たまたま小利を得る。相場に手を出して、たまたまけちな儲けでもすると、堅実な仕事を抛《なげう》って、それればかりに夢中になる。世間にはよくあることです。「後乃ち視て故常となし恬として意と為さず」世の中は、人間というものは、そんなものだ、と一向に注意しない。「則ち行を敗り検を喪ふことこれより大なる患なし」であります。
これはもともと呂新吾の『呻吟語』にある語であります。

大自在

天我を薄んずるに福を以てすれば、吾れ吾が徳を厚うして以て之を迓《むか》ふ。天我を労するに形を以てすれば、吾れ吾が心を逸して以て之を補ふ。天我を厄するに遇を以てすれば、吾れ吾が道を亨《とほ》して以て之を通ず。天我を苦しむるに境を以てすれば、吾れ吾が神を楽ませて以て之を暢《の》ぶ。

―菜根譚―

「天我を薄んずるに福を以てすれば、吾れ吾が徳を厚うして以て之を迓《むか》ふ」。実に面白い考え方であります。普通は僥倖に幸福に恵まれたら、天が我れを厚遇してくれるように思う。だがそうではなくて、幸福を得るということは、天は我れを薄んじておるんだと考える。

どうしても幸福には人間は有頂天になる、軽薄になる。それは我れを薄んずる証拠である。そこで我れ我が徳を厚うして以て之を逆うるのである。

天我れにこういう形態を与えたということは、我れを労せしむることである。そこで心まで労したのでは、生が破綻する。だから心を安逸にして以てこれを補う。

「天我れを厄するに遇を以てすれば」遇は出世すること。偶然にとんとん拍子に出世すると、じきに行きづまる。だから行きづまらぬように道を通ずる。道に随う生活をしてゆけば、絶対に行きづまるということはない。

若し天がいろいろな境地に自分をおいて苦しめる時には、我が神、心の本体を楽しませて、その環境を暢達《ちょうたつ》にする。

これが本当の自由・自在というものである。だから思想や言論がどんなに混乱しておろうが、そうなればそうなったで、又そこに自由があり、自然がある、幸福がある、それが本当の学問・修行であります。

達磨の教説

武帝と達磨

ちょっと気がついたので申し上げますが、今司会者から「儒と禅についてご講義を頂きます云云」という意味の挨拶がありました。しかしこれは挨拶にはなりませぬ。もう今日で私の講義も三日目であります。そもそも挨拶とはどういう意味かと申しますと、挨も拶も、直接の意味はぴったりとぶっつかる、すれ合うということで、従って物を言うのに、相手の痛いところ、痒《かゆ》いところへぴったりと当る、これが挨拶であります。それでこそ「ご挨拶痛み入る」という意味が解る。

私も随分といろいろな会合に参りますが、挨拶の二字に該当するような、本当の挨拶は滅多に聞いたことがありませぬ。ひどいのになると、長時間汗を流してやった講師には、それこそ挨拶もしないで、「皆さん有難うございます」と、聴衆に礼を言っております。

「好い年をして、挨拶もろくに出来ん」と昔の人はよく言ったが、今日は若い者に限らず、年寄りまでが一向にその挨拶が出来なくなってしまった。それでいて、やれ思想がどうの、平和がどうのと偉そうな口をきく。そういうことでは駄目だ、というのが儒教や禅の根本精神であります。

さて、一昨日、昨日にかけて、現代の社会がだんだん真実の自己というものを失って、混乱・頽廃を極めておることを、いろいろな例話を引いて、説明して参ったのでありますが、これは人類の自殺的現象であって、人類の発達や文化の進歩というものは、実に真実の自我を徹見し、これを開発してゆくことの根柢に立つものであります。昔からわれわれの先輩・先人達が、それこそ不惜身命《ふしゃくしんみょう》、命がけで真我の徹見・開発に努力して来たからこそ、今日の如き文化の花を咲かせたのであります。

しかしこういうことは、ただ知っただけでは一片の知識に終る。更に大切なことは、それをわれわれ自身如何に身につけるかということであります。そこで今日は又後へ戻って、禅の元祖と言われる達磨大師の教えに、一応眼を向けることに致します。

菩提達磨と言う人は、通説によると、梁《りょう》の武帝の頃（西紀六世紀の始め）に支那に来たと言われております。大体仏教が支那に入って来たのが、後漢の明帝永平十年と言われておりますから、その間大略四世紀半程経っておるわけであります。

それまでの仏教の特徴を見ると、先ず第一に翻訳仏教であるということ。いろいろの経典や文献が翻訳されて、知識としての仏教が広まっておった。今一つは、それに基づいて、いろいろの功利的信仰、ご利益信仰が流行っていたということ。従って本当の自己を発見し、開発して、真実の世界を建設してゆくというような、宗教的信仰・学問からははるかに逸脱しておった。否そこまで到達しておらなかったのであります。

世間一般では、達磨は乞食僧のように思われておりますが、本当はインド最高の階級である婆羅門《ばらもん》の出身乃至《ないし》国王の王子であって、いろいろと説もありますが、兎に角地位・名誉に於ても、堂々たる第一流の人物であったに違いないのであります。文献に依れば、単なる記録は文で、献はエリートという語に該当する。つまり文書とその内容をなすところの勝れた人間のことをいう、その文献の一つ『景徳伝灯録《けいとくでんとうろく》』によれば、達磨が来るというので武帝は、どんな有難い仏説をきかせてくれるであろうか、と大変な期待を持って待っておったわけであります。

と申しますのは、武帝は即位してから、或は寺を建てたり、経典を翻訳させたり、僧侶をつくったり、仏教の興隆につくして来た。だからさぞかし大へんな功徳《くどく》のあることを聞かせてくれるであろう、そういう気持が武帝の内心にあったわけであります。

帝問うて曰く「朕即位以来、造寺写経度僧勝《あげ》て紀すべからず」(【大意】朕は、即位してからこのかた、仏法興隆のために寺院を建立し、訳経を推進し、僧侶の援助をするなど、数え切れないほど貢献をしてきた)と。

処が達磨は平然として「並びに功徳無し」と答えた。それではなんのために、仏教を外護して来たか分からない。武帝もびっくりして「どうして功徳がないのか」と訊ねると「此れはただ人天の小果、有漏《うろ》の因、影の形に随ふ如く有と雖も、実に非ず」と。

こういうものは講釈すると面白くありませぬ。要するに、そういうものは影の形に随う様なもので、あると言えばあるけれども、そんなものは真実の問題ではないというわけであります。さあ武帝にはますます分からない。もっとも実際の武帝は「読書万巻ここに至るか」と言って死んだ人であるから、これ位のことが分からぬ筈はないのでありますが、それは又別問題であります。

真性を徹見し、真実の世界を開顕す

この間もライシャワー米大使とわれわれ数人で、一晩飲みながら議論したのですが、要するに今日の東西両陣営のつきつめた結論は、Power politics（力の政策）が勝つか、Public excellence（徳を基調とするゆき方）が勝つかということになるのでありまして、共産側はあくまでも力で押しまくろうとするし、自由陣営は力で対抗することを止めて、こちらの優秀さを彼等に見せてやろうと言う。然しこれはなかなか難しい事であります。

仏教でも勢力（勢力とは力による折伏《しゃくぶく》、道力とは慈悲による摂受《しょうじゅ》をいう）と道力の二つの力を立てておりますが、しかし勢力はどこまでも方便であって、本来は道力であります。道力はよく人を摂受《しょうじゅ》する。今日謂う所の寛容であります。

マルクス・レーニン主義は勢力でゆこうとするし、自由主義諸国は道力に徹しようとする。しかし摂受でゆくには、余程の道力がなければならぬので、自由主義諸国は果して摂受と言えるような道力を持っているかどうか。道力はおろか、勢力をも次第に失ってゆく危険があるのであります。

気分の満足、観念の遊戯に堕して、理想を持ちながら、現実には空しく亡んでゆくということが、人類の長い歴史の常に示しておるところであります。

大聖釈迦と雖も、個人的には悟りを開き、多くの人々を教化したけれども、存命中に彼の故国は滅亡しております。「罪業の致すところ」と達観して、これを坐視したけれども、そこに釈迦の哲学はあるけれども、釈迦も人間であります。恐らく深刻な苦悩を抱いて死んだに違いありますまい。梁の武帝にしかり。われ等自由主義陣営も、パブリック・エクセレンスを誇りながら、狂暴なパワー・ポリティックスの前に、空しく亡び去る危険決して少しとしないのであります。

善も亦力でなければならない。これを通論したのはニーチェであるが、彼はその思想と実人物の自分との矛盾から発狂してしまった。それではつまらない。人格と思想を合一して、金剛不壊《ふえ》の人物を作り上げる、これが東洋の学問・修養の本義であります。

それはさておき、武帝は益々分からなくなった。一体功徳のない仏教なんて何になるのか。仏教の第一義はそもそもなんだろう。『碧巌録』はここから取り上げておるのであります。「如何なるか是れ聖諦第一義」、すると達磨は答えた「不識」と。上杉謙信の不識庵の不識であります。これこれと説明したら、それはもう知識の問題で、第一義ではなくなってしまう。仏教の第一義に徹した名僧と聞いたが、「それではお前さんは一体何者なんだ」と聞くと、又々「不識」と答える。武帝にはいよいよ以て分からない。

要するに達磨の教えは、利益を得ようというような虫の好いご利益信仰や、一片の知識に過ぎないような仏教を打破して、自我の真性を徹見し、真実の世界を開顕しようとするところにあったのであります。

理行融入

その道に入るには二つの途がある。一つは理から入る、理入。今一つは行から入る、行入。これを二入と申します。思索と実践であります。この二面から、真実の人間というものを理解し、把握してゆくのであります。

達磨の教理として伝える文献によれば「しばらく教えによって宗を明らかにす」という事を言っております。先輩の教えによって、それを手段として、その宗を明かにする。ここから宗旨という言葉が出て来るのであります。宗には三つの意味があります。

第一は、あらゆる物事の依って生ずる始元という意味。

第二は、よって立つ所の、所謂依、つまり基礎・根本という事。

第三は、あらゆる部分的なものを包容し、統一する全体性、永遠性。

この三つを持っているからこそ宗であります。その大なるものが大宗、微妙なるものを宗旨という。

旨という文字が微妙という意味を含んでいる。微妙の最大なるものは指であります。指の旨は、普通の辞書では単なる音符となっておるが、これは間違いで、本当は会意文字であります。

事実指頭がデリケートでなければ、芸術的作品も生れて来ない。医者でも、名医と言われるほどの人は、患者の身体に触れた時の指頭の感覚で直接的に判断出来るそうであります。前の晩に大酒など飲むと、翌朝には勘が鈍って指がきかぬという。兎に角それほどのデリカシーを持って、はじめて宗旨と言うことが出来る。

それを明らかにする。実在現象の枝葉末節に捉われないで、その宗を明かにして、そうして一切含生、生きとし生けるもののすべてに共通し存在する真性を把握して、人間が客塵、妄想、即ちいろいろの現象や、それにからまる妄想のために覆われてしまって、その真実真性を見得することが出来ないことを悟って、そういう迷妄を捨て、造化と一体になって生きる、これが理入であります。

そうしてそれがそのまま行入でなければならないので、観念や気分に止まっては、要するに単なる空想に過ぎないのであります。

行入

行入には、四行観といって、四つあります。

第一は報冤行《ほうえんぎょう》、冤は、兎に網をかぶせたという字で、兎はぴょんぴょん跳ねるのが生命。その生命・自由を束縛するから、うらみつらみの意味になる。又そういう実なくして、圧迫を蒙るというので、無実の罪という意味にもなる。

冤は本を捨てて、末に走るところから生じて来る。こういううらみつらみの中に動いておっては、真の解脱は得られない。そこで真理に生きんとするものは、先ず寃憎というものを捨てなければならないのであります。

今日若い世代のビート族の議論家や思想家が、こういう枝葉末節化した生活の中に、神経をすりへらすのが余りにも馬鹿らしいから、思い切って一切のそういうものを捨てるのだ、と柄にもなく禅の如きものを振り廻しておりますが、やはりこういうものを直観するところがあるのかも知れませぬ。

第二は、随縁行《ずいえんぎょう》。何事も縁に随って行じてゆく。決して無理をしない。世間のことはすべて縁より起こる。真実の自然の働きに虚心になって、ぴったりと一致して、随ってゆくのであります。

第三は、無所求行《むしょぐぎょう》、求はむさぼる、貪欲という意味であります。本能や衝動のままに動くところに、貪欲が生じて来る。この貪欲が如何に人間を苦しめるか、又如何に空しいものであるか、これを棄て去って道を行じてゆく。

第四は、称法行《しょうほうぎょう》。称はかなう、まにまにの意で、即ち法のままに、ぴったりと一つになって行じてゆく。

こういう風に、理から入っても、行から入っても、理入は行入となり、行入は理入に一致するので、理行融入《りぎょうゆうにゅう》にして、はじめて真実の自我を徹見し、真実の人生を行ずることが出来るのであります。これが達磨禅の本旨であって、決してむやみに痛いのをこらえて坐ったり、観念や文字の遊戯を事としたり、奇言奇行を演じたりすることではないのであります。

この場合の法というのは、造化そのもの、存在そのものを指すので、造化のままに生きてゆく、それが法であります。神道でいうかんながらという言葉が、丁度称法に当てはまるのであります。だから禅が日本に普及したというのは、禅の本旨と古神道とが、その本質に於て一致するものを持っておるからであります。これを儒の方で申せば誠という事、もっと実践的に言うならば、中庸であります。

汝に依って我を礼し、我に依って汝を礼す（依《って》レ汝《に》礼《し》レ我《を》・依《って》レ我《に》礼《す》レ汝《を》）

要するに儒から入っても、禅から入っても結局は同じことで、思索と実践によってわれわれの生活を陶冶し、練りつめてゆく。これが東洋の道徳・宗教の本質であります。

しかもこの本質をもっとも純粋に持っておるのが幼児であります。今までは、大人は子供の発達したものだとばかり考えておったが、医学・生理学の発達によって、それが大きな間違いであることが分かって参りました。人類の進化を見ても決してオラン・ウータンから直接発達して来たのではなくて、丁度樹木が派生するように類人猿の胎児から人類は発達して来たのであります。類人猿の胎児と原始人の特徴が非常によく似ておる。だからこの学問をネオテニーと申します。私はこれを孟子からとって、「逢原説《ほうげんせつ》」と呼んでいる。

そういうことを考えれば、やはり釈迦や孔子のおっ母さんは偉かったということになる。驚くべきことに、このネオメート、胎児は、他の肉体の部分は成長と共にどんどん発達するが、脳細胞だけは生涯に必要なものを全部持って、生れて来るということであります。ただその機能が未だ開発されておらないだけのこと。これを如何に発達させてゆくか、これが教育であり、養育であるわけであります。

幼児は自然に延ばしてゆけば、三才で成人の機能の八十パーセントが啓発されるという。確かに三つ児の魂百までであります。そうして三才から五、六才の間に、大体の性格の型が出来上がる。記憶力や注意力は十一、二才頃が一番旺盛で、ほぼ十六、七才で出来上がる。後は鍛錬や陶冶が加わるだけの事であります。だから教育の宜しきを得れば、人間十七、八才にして堂々たる成人になる。

それが世の愚なる親や教師の為にめちゃめちゃにされて、十七、八才には満身創《そう》痍《い》となって、世の中に送り出されるのであります。世の親達は、子供に対して、本当に恥じなければならない。子供こそは万億劫の生命・精神の権化である。その子供に対して、親は本当に掌を合わさなければならない。さすれば、子も亦親に掌を合わすでありましょう。

汝に依って我れを礼し、我れによって汝を礼する。そうしてこそ人間の道徳・文化というものが進んでゆくのであります。

教化は国家の大事である

年をとると何故詩や易をやりたくなるか

大体生粋《きっすい》の東洋的な人が色々学問とか、芸術とか、その他人生の体験を積んで、年をとって来ると、先ずやりたくなるのが易であります。

いつだったか長野県の温泉で、県の教育会に講義に行った西晋一郎さんと同宿したことがあります。で、西さんと二人で温泉に入りながら話をしていると、西さんが突然「私一つやりたいことがあるのです」と言う。「一体何をおやりになりたいと言うのですか」と問うと「易ですよ。しじゅう考えてはおるのですが、なかなか難しいんですね。いつかこういう静かな処でゆっくり手解《てほど》きして頂けませぬか」という答えです。もっともこれが最後で別れてしまったのですが、そんなことを話しておられました。

次にやりたくなるのが漢詩であります。又偈《げ》というものであります。心境、殊に深い悟道を詩の形で表現したのが偈であります。

夏目漱石が弟子達に与えた手紙によくこういうことを書いております。「碁や将棋をやるように、厳しいルールの下に、自分の心境を詩偈の形に巧に表現出来た時くらい、又その表現に苦しむ時くらい、楽しいことはない」と。実際その通りであります。

それから今一つやりたくなるのが山水木石の観賞。だんだん憂世の俗事が嫌になって、山水木石を愛するようになる。

東洋と西洋の芸術の違いは、特に絵画などそうですが西洋の美人の裸体画からはじまって、裸体画に終るのに反し、東洋の南画や文人画というものは、先ず石からはじめる。石が描けるようになったら一人前。しかし石というものは直ぐ描けるものであって、それがなかなか描けるものではないのであります。

大体詩は、起句が自然にでる方が後が楽であります。余り奇抜な出方をすると、後が続かなくなる。李白は奇抜な出方をするので有名でありますが、それだけに後が続かなくなって、尻すぼみになった詩が多い。

だから出来るだけ起句を自然に、又それを自然に承《う》けて、その後の転句で一転する。そうしてきゅっと結ぶ。一結千金というような結び方をする。十で神童、十五で才子、二十過ぎれば普通の人、こういう終り方をしてはいけない。人生でもそうであります。

頼山陽が作詩の心構えとして、

京の三条の糸屋の娘
妹十八、姉二十
諸国大名は弓矢で殺し
糸屋の娘は目で殺す

ユーモアに富んで、しかもよく結びがきいております。

入山棲鳥好呼人
対面老僧情転親
黄石赤松相見喜
果然道客不輜磷

入山棲鳥好く人を呼ぶ
対面老僧情転《うたた》親し
黄石赤松相見て喜ぶ
果然道客輜《し》磷《りん》せず

黄石・赤松は支那ではもっとも道味のあるものとされている。これに子をつけて、夫々《それぞれ》黄石子・赤松子と言いますが、皆これ仙人の名前で、実は石や松のことであります。仙人化される程松や石には道味がある。

「輜《し》磷《りん》せず」とは『論語』にある語で、輜は黒い、磷は摩擦することで、いくら汚しても直ぐ浄《きよ》くなるということ。人間社会のどんな苦難や汚れにあっても、少しもへこたれない、弱らない、つまり金剛不壊《ふえ》であります。

詩の意は、しばらく会わなかったが、成る程期待通り一向に憂世にも汚れていない。やっぱり俺の友達だと黄石・赤松が言うておる。謂《い》わば自惚《うぬぼれ》の詩でありますが、そこに又楽しみがある。人に通じないだけに尚楽しい。

しかしこういうことは、説明すると面白くなくなるので直観の力を以て自得するのが一番であります。

道味

大体この道味というのはどういうことかと申しますと、人間には思惟《しい》したり、思索したりする、つまり知性というものがありますが、しかしこの知性の働きは、人間の意識を超える、無限なるものの、永遠なるもの、全きものを意識したり、感覚したりすることが出来ない。われわれが意識する、覚知するというのは、その無限なるもの、全きもの、永遠なるものの一部分を把握することで、従ってわれわれが意識するというのは、無限なるものを有限化し、全きものを部分化し、永遠なるものを限定化することになる。分かつことによって知るのである。だから分明という。知るということを分かると言い、物分かりと言うのも、みな分かつことによって知るからである。

分かつことを又、例えば斧で割き開くのが析、存在しておるものを割くのが解剖の剖、言葉で分かつのが判でありますが、兎に角分かつことによって知ることが出来る。そうしてその知によって知られる法則を理、日本語でことわりと言うが、よくその本質を表わしております。


随って反対に、全きもの、永遠なるもの、無限なるものほど、感覚や意識にのぼらない、超感覚的・超意識的である。言い換えれば無意識である、無である。だから或る意味では、人間は幼児ほど全きものであって、そういう点で老荘思想では特に嬰児を尊重する。又従ってその嬰児《えいじ》を宿す女性を愛好するのであります。成長するということは、一面から言えば進歩であり、発達であるが、他面本質的にみれば限定することである。永遠なるもの・無限なるもの・全きものを、五十年や六十年の短いものに限定してしまうことである。

学校に入るという事は、天地という広大な大学・道場から見れば、これ又一つの限定である。ましてその限定された学校に入って、何々科を専攻したなどと言うのは、これ程の限定はないわけで、こういうのを専門的愚昧と言うのであります。そうしてその学校を出た後が、今度は会社や官庁に入って、某々《ぼうぼう》部某々課某々係と、愈々《いよいよ》以て限定してしまう。

そこへゆくと、浪人は悠々たるもので、その代り限定された存在から言えば無であります。これは感覚や意識にのぼらないから無視される。この無視されて喜ぶ心境、これが道と言うものであります。

道とは、人間がそれに依らなければ、目的地に着くことが出来ない。人生が成り立たないという、もっとも本質的なもの、已むを得ず部分的・派生的存在になっても、それを通じて、その奥にある求めざるを得ない無限性・全体性なるもの、これが道であり、道理と言うものであります。

年をとると、何故木石等を愛するようになるかと言うと、生命がだんだんそういう枝葉末節的なものに耐え難くなって来る。と言うのは、老いて経験を経て来ると、永遠なるもの全きものが分かって来る。それがだんだんにじみ出て来るわけであります。

そこで憂世の限定された生活をしておると、元の古巣と言うか、本質的なものが恋しくなって、黄石・赤松等に親しむようになる。無を愛するようになって来る。つまり天地・造化と冥合したくなって来る。

その頃に自然は大いに同情して、死というもので迎えとってくれるわけでありまず。死とはなつかしい元の天地に帰る事である。そこに東洋の死の哲学がある。道味とはこういうことを言うのであります。

東洋的無

詩をもう一つ。

僧房客枕夜悠々　僧房　客枕　夜悠々

醒睡両清亦両幽醒睡両《ふた》つながら清く還《また》両つながら幽なり
回看半生同堕甑回看すれば半生堕甑《だそう》に同じ
江湖自放一虚舟江湖自ら放つ一虚舟

【大意】

僧房に旅寝の客に夜が静かにふけてゆく。世俗を遠く離れた僧房では、醒めても睡っていても、その心は世俗から離れて清かつ幽である。

そのような清かつ幽は、無心の境地から己れの半生を回顧してみれば、後悔してもなんにもならないことに心を用いてきたことがわかる。

無我無心で無礙自在であることが天地自然の心なのだとわかる。


堕甑《だそう》、これも禅家のよろこぶ話の一つでありますが、西郷南洲もこれを引用して徒《いたず》らに後悔するというのは、落して割れた器物を悔いるのと同じことだと言っております。これは『後漢書』「郭林宗伝《かくりんそうでん》」にある話でありますが、或る時孟敏《もうびん》という男が器物を落して割ったが、そのまま平然と行ってしまった。側におった郭林宗が割れているじゃないかと言ったら、割れたものを見たって仕様がないじゃないかと。誠にその通りであります。

虚舟とは船頭のいない舟のこと。王陽明の「啾啾吟《しゅうしゅうぎん》」にあります。船頭が舟を漕いでいると、一艘の舟が悠々と流れて来て、ぶつかりそうになった。見ると誰もいない。怒ってみてもはじまらない。(『荘子』や『淮南子《えなんじ》』にある)つまり無我無心であると、人間何処で誰れにぶっつかっても、どんな問題に出くわしても、かれこれ言われることはない、無礙《むげ》自在である。世の中のことは万事無我無心でやってゆくに限る。

こうして無を愛するようになると、又沈黙を愛するようになる。徒らに多言するのは、生命を分散させることで、疲れが出て来る。アメリカの医学者の実験に依ると、応接間でしゃべる二十分間は、一里の道を歩くに等しいエネルギーを消費するという。

禅家で「不吝眉毛《ふりんびもう》」(眉毛を吝《お》しまず)と申しますが、これは本当で、舌と心臓と眉毛とは深い関係があって、舌を使うと心臓を傷め、眉の毛が抜ける。本当にしゃべるということは疲れる。

だからしゃべって疲れるほど沈黙が必要で、それによって発散した精力を回復する。これを黙養すると言うのであります。昔小さんと言う落語の名人がおったが、本当にユーモアというものが身体になっておった。西洋でもそういう身につけることを embody 或は incarnate という。禅では副肉と言う。その小さんが一度家に帰ると、妻君が心配するほど黙養しておったということであります。

私の好きな晋代の英傑に謝安《しゃあん》という人がある。大石内蔵之助の支那版と言った人物でありますが、子供の謝玄《しゃげん》や甥の謝琰《しゃえん》等が司令官で、秦の苻堅《ふけん》の軍と揚子江で大合戦をやった。その勝報の伝令が来た時に、丁度彼は客と碁をうっておったが、悠々として一局を終り、客を送り出した後で下駄の歯が折れるくらい喜んだと言う。「その物鎮むることかくの如し」と書いてあるが、こせこせと物を言わない。

その謝安が一向に子供に教えないので、夫人がそのことを咎じたところ、「わしはしょっちゅう子供を教えておる」と言ったということであります。大体教という字は（效）ならうということで、模範になることであります。言葉で教えるのは訓、或は戒と言う。だから身を以て模範になる人であって、はじめて教師といえるのであります。

従ってどうしても東洋の学問は無になる。所謂東洋的無であります。そこでどうしても象徴的になり、芸術的になって、理知的にはならない。だから理論大系などというのは、真の文化人ではなくて、分化人の言うことであります。

近頃は西洋でもだんだんこの東洋の思想・学問が分かって参りました。そればかりでなく、西洋の文化に徹した人々の間に、疲れて来た西洋文化を救う途は、結局東洋の文化に依らねばならない、という声が盛んになって来ておるのであります。そういう意味で、今から百年ほど前のアメリカの詩人J・L・スポルディングの「沈黙」という詩は、実に東洋的な傑作であります。

Silence　J. L. Spalding

(1) Inaudible move day and night,
And noiseless grow the flower :
Silent are pulsing wings of light,
And voiceless flees the hour.

(2) The moon utters no word when she
Walks througt the heavens bare :
The stars forever silent flee,
And songless gleam through air.

(3) The deepest love is voiceless too ;
Heart sorrow makes no moan :
How still the Zephyrs when they woo !
How calm the rose full blown !

沈黙（安岡　正篤訳）

(1) 聞えず移る昼と夜
響もたてず開く花
黙して動く光の翼
声はなくして光陰《とき》は過ぐ

(2) 月虚空を度《わた》る時
一語を発せず
星とこしへに黙して飛び
歌無くして空に輝く

(3) 至深の愛も亦声無く
断腸の思は音《ね》をたてず
微風そよぐ時いかに静けく
満開の薔薇何ぞ寂々たる

(4) The bird winging the evening sky
　Flies onward without song ;
The crowding years as they pass by
　Flow on in mutest throng.

(5) The fishes glide through liquid deep
　And never speak a word ;
The angels round about us sweep,
　And yet no voice is heard.

(6) The highest thoughts no utterance find.
　The holiest hope is dumb,
In silence grows the immortal mind,
　And speechless deep joys come.

(7) Rapt adoration has no tongue,
　No words has holiest prayer ;

(4) 夕暮の空ゆく鳥は
歌なく飛び去り
数多の年月もその過ぐるや
黙々として積りゆく

(5) 魚は淵に泳ぎて
曽て一語を話さず
天使は我等の傍に遊べども
さらに声は聞えず

(6) 至高の思想は言詮を絶し
至聖の希望は意料も及ばず
不滅の精神は沈黙に長じ
深甚なる歓喜は無言にして来る

(7) 魂こめたる敬慕は語る能はず
尊き極みの祈禱は言葉なし

The loftiest mountain peaks among
Is stillness everywhere.
(8) With sweetest music silence blends,
And silent praise is best;
In silence life begins and ends;
God cannot be expressed.

峻峰《しゅんぽう》の間
到る処静寂存す
(8) 至妙の音楽と沈黙は相和し
無言の賞讃はこの上なし
人生は沈黙に始まり沈黙に終る
神は説明せられざるなり

兎に角教えということ、学ぶということが大事であります。これを社会的に言えば教化、なんと言っても政道の根本は、教化を興すことであります。私なども機会ある毎に、これを政治家の皆さんに強調するのでありますが、なかなか分かったようで分からない。

そもそも政治の一番本質的なものは政道と言うのでありますが、これを活用し具体化してゆく働きが政略。具体化すればそこに事務を生ずる。これが政策と言うものであります。だから政治家というものは、政道に基づいて、政略を以て、政策を決定してゆくべきで、その決定されたものを実行に移してゆくのが官僚であります。処が近頃の政治家には政道がない。従って政略と言うものがたたない。いきなり政策へ突入する。政策となると、これは政治事務に関連して来るから、官僚にはとても及ばない。

この政道から一番先に発するのが政略であるが、或はこれを政見と言っても宜しいが、その中で一番大事なものが教化であります。そこで司馬光の資治通鑑にある政治と教化に関する名論を読むことに致します。

教化と国政

宋　司馬光

教化は国家の急務なり。而《しか》るに俗吏《ぞくり》は之を慢《あなど》る。風俗は天下の大事なり。而るに庸君《ようくん》は之に忽《ゆるが》せにす。夫れ唯だ明智の君子のみ深く識り長く慮《おもんぱか》り、然る後その益の大にして功を収むることの遠きを知るなり。

光武、漢の中ごろ衰へ、群雄靡沸《びふつ》するに遭《あ》ひ、布衣《ふい》に奮起し、前緒を紹恢《しょうかい》し、四方を征伐し、日、給するに暇あらざるに乃ち能く経術を敦尚《とんしょう》し、儒雅を賓延《ひんえん》し、学校を開広し、礼楽を修明す。武力既に成り、文徳も亦洽《あまね》し。継ぐに孝明・孝章を以てし、先志を遹追《いっつい》し、雍《よう》に臨みて老を拝し、経を横たへて道を問ひ、公卿大夫《こうけいたいふ》より郡県吏《ぐんけんのり》に至るまで、咸《みな》、経・明かに行・修まるの人を選用し、虎賁《こはん》の衛士も皆孝経を習ひ、匈奴《きょうど》の子弟も亦大学に遊ぶ。是《ここ》を以て教、上に立ち、俗、下に成る。其の忠厚清修の士は、豈に惟だ重きを搢紳《しんしん》に取るのみならんや、亦衆庶《しゅうしょ》に慕はる。愚鄙汚穢《ぐひおあい》の人は、豈に惟だ朝廷に容れられざるのみならんや、亦、郷里に棄てらる。三代既に亡びしより、風化の美なること、未だ東漢の盛なるが若《ごと》き者あらざるなり。

孝和以降に及びて貴戚《きせき》、権を擅《ほしいまま》にし、嬖倖《へきこう》、事を用ひ、賞罰、章《あきらか》なる無く、賄賂公行し、賢愚渾殽《こんこう》し、是非顚倒す。乱れたりと謂ふべし。然れども猶ほ緜々《めんめん》として亡ぶるに至らざるは、上には則ち公卿大夫に袁安《えあん》・楊《よう》震《しん》・李固《りこ》・杜喬《ときょう》・陳蕃《ちんばん》・李膺《りよう》の徒《と》あり、面引延争《めんいんていそう》し、広義を用て以て其の危きを扶《たす》け、下には則ち布衣《ふい》の士に符融《ふゆう》・郭泰《かくたい》・范滂《はんぼう》・許劭《きょしょう》の流《たぐい》あり私論を立てて以て其の敗れを救ふ。是を以て、政治、濁ると雖も、而も風俗衰へず。斧鉞《ふえつ》を触冒《ぼう》し、前に僵仆《きょうふ》し、而して忠義奮発し、継ぎて後に起り、踵《きびす》に随って戮《りく》に就き、死を視ること帰するが如きもの有るに至る。

夫れ豈に特《ただ》に数子の賢なるのみならんや。亦、光武・明・章の遺化なり。是の時に当りて、苟《いやし》くも明君あり、作《た》ちて之を振《ふる》はば、則ち漢氏の祚《そ》、猶未だ量るべからざりしならん。

不幸にして陵夷頽敝《りょういたいへい》の余を承け、重ぬるに桓《かん》・霊《れい》の昏虐《こんぎゃく》なるを以てし、姦回《かんかい》を保養すること骨肉に過ぎ、忠良を殄滅《てんめつ》すること寇《こう》讐よりも甚だしく、多士の憤《いきどおり》を積み、四海の怒を蓄ふ。是に於て、何進・戎《じゅう》を召し、董《とう》卓・釁《きん》に乗じ、袁紹《えんしょう》の徒、従って難を構へ、遂に乗輿《じょうよ》は播遷《はせん》し、宗廟は丘墟《きゅうきょ》となり、王室は蕩覆《とうふく》し、烝民は塗炭《とたん》し、大命は隕絶《いんぜつ》し、復《ま》た救ふべからざらしむ。

然れども、州郡の兵を擁《よう》し地を専《もっぱ》らにする者、互に相呑噬《どんぜい》すと雖も猶ほ未だ嘗て漢を尊ぶを以て辞と為さずんばあらず。魏武の暴戾彊伉《ぼうれいきょうこう》にして、加ふるに天下に大功あり、其の君を無《な》みするの心を蓄《たくわ》ふること久しきを以てすら、乃ち身を没するに至る迄、敢て漢を廃して自立せず、豈《あ》に其の志の欲せざるならんや。猶《な》ほ名義を畏れて自ら抑へたればなり。是《これ》に由りて之《これ》を観れば、教化は安んぞ慢《あなど》るべけんや。風俗は安《いず》くんぞ忽せにすべけんや。（通鑑漢紀）

【大意】教化は国家の政治の中で最優先・最重要視せねばならぬ事項である。国の民の風俗がどうなっているかは天下の大事である。ところが、凡庸な君主はこれを軽視する。ただ明智の君臣のみが教化と風俗との意義を深く認識し、永く配慮を続けて、しかるのちに、その結果のいかに大きく、いかに後世にまで影響するかを知るのである。光武帝（漢帝国を再興、後漢《ごかん》帝国の創始者）は、前漢帝国が衰え、王莽《おうもう》に国を奪われ、群雄割拠の世に遭遇し、在野の平民から奮起して、祖先の前漢の諸帝の業績を明らかにしてその回復を図るべく、四方を征伐する戦いで一日も暇のない中にあっても古典を尊重し、学者・人物を賓師として学び、教化の中核として学校を開き広め、教化・風俗の根幹となる礼楽を修め、明らかにしようとした。その結果、再興成った後漢では、武力による天下平定と共に、文徳も天下に行き渡った。

このすばらしい創業を継承した明帝も章帝も、光武帝の志を忠実に遵守し、学問・道徳を尊重し、中央・地方の官僚もみな学問・道徳を修めた者を登用し、武官ですら『孝経』を習い、夷狄の匈奴ですら、その子弟を大学に留学させるほどになった。

このようにして、国家の教化が上に確立し、民の風俗も下に成就したのである。この結果、立派な人物（忠厚清修の士）は、中央の高官のみならず一般庶民にも敬慕されたのに対し、劣悪な人物（愚鄙汚穢の人）は、上・朝廷に容れられないだけでなく、下・郷里でも棄てられるようになった。

この理想の教化風俗を見たといわれる三代が亡びてしまって以来、東漢（前漢の都は西の長安、後漢の都は東の洛陽であったため、前漢を西漢、後漢を東漢と呼称することもあった）ほど教化風俗の理想的な在り方を盛行させた例は無い。

和帝以降に及んで外戚・宦官がこもごも政治をほしいままにし、賞罰も不明瞭、わいろが公然と行われ、賢も愚もまじり合い、是と非も逆さになってしまった。政治が乱れてしまったといえる。

それでもなお、後漢が永く亡びなかったのは、国の上層部に袁安・楊震ほかの名臣があり、天子の面前で正義の公論をもって不正と争い、国の危機を救い、下では在野の人物たちが民間人の立場から正論を展開して国の敗亡を救っていたからであった。そのために、政治が濁ってもそれでも風俗は衰えず、忠義のために命をかけて恐れない人物が相次いで輩出したのだ。

それは数少ない賢者のみに限ったことではなかった。これこそ光武帝・明帝・章帝の教化の結果が永く遺ったからに外ならない。このようなときに当たって明君が出て、この風俗を振興したならば、後漢帝国はどのくらい永続するか計り知れなかったのである。

けれども不幸なことに、国の永年の衰退の余波を承け、これに加えて桓帝・霊帝のような暗君が続くことになり、姦悪稚曲の者を肉親以上に保護する一方、忠良の臣をかたきに対するよりも残虐に滅殺して、多くの心ある士、天下のいきどおりを積み重ねてしまった。その結果、次々に反乱が起こり、皇帝が都を追われ、後漢帝国は事実上滅亡したのである。

それでもなお、各地に割拠した群雄たちは、互いに弱肉強食の争いを繰り返していたが、漢を尊ぶことを名分としないものはなかった。魏の曹操ですら、乱世の雄として強力であり、大きな功績もあって、内心では永年漢帝をないがしろにして来たにもかかわらず、生涯後漢を滅ぼして自ら帝となろうとはしなかった。それは、本心望まなかったからではない。なお大義名分を畏れて、自らその本心の望みを抑制したからである。

この史実から考察してみれば、国家の政治において教化とその結果としての風俗を軽視すべきではないことは明白となろう。

【解説】安岡教学では歴史書を重視しているが、中でも司馬遷の『史記』と司馬光の『資治通鑑』を尊重する。特に後者に載せる司馬光の「論賛」は、若き日の安岡先生に深く感銘を与えた。ここに引用された「政治とは教化に関する名論」は、「才・徳の弁の名論」と共に、その代表とされる。

安岡先生がこれほど長い文章を全部引用・講読することは珍しい。完結した名論なので、部分引用を不可としたからであろう。その意を承けて、「大意」も概ね論旨に忠実に沿うようにつとめた。


誠に名論であります。この頃のように道徳も秩序も法律もなにもかも無視して、大衆を動員して、集団暴力によって野望を遂げよう、とする風俗は厳重に取締らなければならない。風俗というものは如何に大事なものであるか、松川事件等の裁判を見ればよく分かる。

結局政道は教化、そこに教育のもっとも神聖な意味がある。やはり教師は聖職であります。如何に経済が大問題であっても、それを取り立ててすべきものではない。教育は神聖なり、教化は国家の大事なり。教化を振興しなければ、いつの日か必ず国は亡び、民族は塗炭の苦しみに陥るでありましょう。

しからば如何にしてその教化を興すか。なによりも先ず上に立派な為政者が出て、民間に立派な人物の輩出することであります。彼のアメリカのウォルター・リップマンは、民主主義の頽廃を救うためには、唯一つエリートをつくるより外には途がないと言っております。そうしてエリートとは、『中庸』の語を引用して、「天命を知るものなり」と申しております。天命を知って道の修業をする。道を学ぶことによって、本当の指導者が養われるのであります。

しかもそういう問題は別としても、その根本に於て人間というものは、誠の人であればあるほど人生を生きるに従って、道を学ばざるを得なくなる。四十、五十にして聞くなきは、それこそ孔子の言われるように論ずるに足らぬ、これが本当の師道でもあるわけであります。

藤樹と蕃山先生と今後の学問

自分を知るための学問

実は今日、私は何十年振りでここへ参ったのであります。が、現代の俗悪雑駁《ざっぱく》な風がやはりここにもいくらか波及しておるであろうと内心考えておりましたところ、一向その汚染もなく、誠に静閑で、素朴で、殊に今日のお祭りは釈奠《せきてん》の一種でありますが、先程一首を献詠《けんえい》致しました様に、なんだか現代を離れて、そのかみの藤樹先生の世に還った様な、なんとも言えぬ清雅な感にうたれまして、本当に感慨無量であります。

殊に今日は八月一日でありますが、藤樹先生の亡くなられたのは、新旧暦の相違がありますけれども、やはりこの月の二十五日であります。蕃山先生も亦この月の十七日に亡くなっておいでになる。なんだかこういろいろのご縁というものを感じまして、益々感を深うする次第であります。

お話をはじめたら、それこそ夜を徹しても語り尽せぬいろいろの思いがありますが、左様なわけにも参りませぬので、念頭に浮ぶ先生の学問、求道の片鱗をうかがって、現代及び今後に生きる上の反省を試みたいと思うのであります。

さて、藤樹先生、蕃山先生を追想致しまして、なによりも先ず気のつくことは、先生達がいかに真剣に学ばれたかということであります。その真剣に学ばれた先生達の学問というものはどういう学問であったか、今日世の学問とどこが違うか、ということを先ず考えさせられるのであります。

先生方の性命を打込んでされた学問というものは、決して外物を追う、単に知識を得る、或は資格を得る条件にする、というような功利的目的のためではない。その最も大切な意義は、自分が自分に反《かえ》る、本当の自分を把握するということであった。自分というものをはっきりつかんで、自分の本質を十分に発揮するということであったわけであります。

学は覚なり

一体人間の存在、その生活というものは、これを大にして言うならば人間の文明というものは、先ず人間が本当の自分に反って自分を役立てる、ということの上に立たなければ空々寂々《くうくうしゃくじゃく》であります。藤樹先生が殊に研鑽《けんさん》された『孟子』の中の名高い一語にも、「君子は必ず自ら反る」と言っておる。これは大事なことであります。先づ自らが自らに反る、自分が自分に反る。そこからはじめて本当の生、生きるということが生ずるのであります。

ところが大抵の人間は、いろいろ欲望もあるし、外の刺戟《しげき》も多くて、なかなか自分に反れない。ともすれば自分を忘れて物を追う、外に馳せるのであります。

例えばなにか物を考えながら道を歩いておって、ついうかうかして石に躓《つまず》いたとします。その時にはっとして、自分が迂闊《うかつ》だったと気がつけば、その人は正しい。ところが大抵はそうは参りませぬ。こんちくしょう！　とばかりその石を蹴飛ばす。

尚その上に、どうかするとどいつがこんなところへこんなものを置きゃがったのだ！　と今度は人まで責めて、自分がうっかりしておったとはなかなか考えないものです。

本当の人間と世俗の人間の岐《わか》れるところは先ずこの辺からはじまる。微妙の問題であります。君子は必ず自ら反る、何事によらず先ず自分に反る。自分に反ってはじめて本当に自分を知ることが出来る。藤樹先生の文集に書いてございますが、「学ぶということは自ら覚《さと》ることだ」と。即ち学は覚だというのであります。

ここに坐っておる伊與田局長は覺《さとる》という名前であるが、本当に良い名前を貰ったもので、人間、学ばないというと、藤樹先生の言う通り「迷睡昏々《めいすいこんこん》たり」で、つまらぬことにどこまでも迷って、ぼんやり眠っておるのと同然何も分からない。然し「学べば明覚惺々《めいかくせいせい》たり」、星が輝いておる様に心中明かるく冴える。学んでも覚めなければこれは学ばざるに等しい。藤樹先生は、先ず自らに反って覚ろう、という事に懸命に取組まれたわけであります。

物知り学者とイデオロギー学者

蓄山先生も文章の中にこのことについて又色々書かれてありますが、その中に当時の学者に二種あるということがあります。

一種はただ物知りにとどまる。いろいろの知識を豊富に持って、それを誇りにしておる学者、所謂《いわゆる》博識の学問であります。物知り坊主とかいうような言葉がその頃もあったようでありますが、いろいろ沢山読んで、なるべく俗人の知らないような知識を持って、それを自慢にして、それで生活しておる学者が多かったわけです。

こういう種類の学者は今日もたくさんある。思想家だとか教授だとかいうような人々には殊に多い。この頃ならばベトナム問題とか、中共に関する知識だとか、アメリカに関する情報だとか、或は又核兵器に関する知識だとか、なんとかかんとか俗人の知らぬ知識を売物にして生きておる。それだけなら要するにこれは外を追っておるのであって、自己の内面的本質的なものではない。

こういうものも用い様によってはいろいろ意義もあり、効用もあるが、決してこれは自ら反る所以《ゆえん》ではない、本質的な意味から言うならば、凡そ己れを空しうしたものです。自己を閑却し、自己を疎外する以外のなにものでもない。社会学者や心理学者、教育学者達が口をそろえて論じておる人間喪失・自己疎外のやはりこれは一つの現象であります。

この博識を旨とするものに対して、いま一種の格法の義、今日の言葉で言うと、政策やイデオロギーの学者であります。自分で一つの主義・主張のようなものを立てて、それに合わぬものは排撃して、自分の考えておることに都合の好いような世の中をでっち上げようとする。進歩的文化人・評論家、左翼思想家、或はマルクス・レーニン主義者などというような連中は大体こちらの方であります。

こういう思想・学問では人間、従って先ず自分というものが解明出来ない。蕃山先生はこういう知識・才智は多く徳を害《そこな》うと言っておられるが、確かにその通りであります。

外物を追えば自己を失う

こういうイデオロギーとか政策とかいう様な事は、自分を棚に上げておいていくらでもやれる。そういう者が自分の主義・主張といった格法を立てて、かりに志を得れば何をするか、決して人のためになるのでもなければ、世を救うのでもない。

戦後はじめて社会党政権が出来ました。今後も出来るかも知れない連合政権・連立政権でありますが、平生プロレタリアの解放であるとか、人民の味方であるとか、と所謂格法を立てて主張しておるものですから、一番喜んだのは、そして期待したのは、議会の給仕や守衛といった下級の職員達であります。

今迄貴族院だの衆議院だのという時代には、兎に角自分達にはとても手の届かぬようなお偉方ばかりが集まっておって、自分達は誠にしがない存在であった。しかし今度は自分達の味方が、仲間が天下を取ったのであるから、どんなにか自分達を助けてくれ、自分達にやさしいだろうと思っておった。

ところが、これは幾人ものそういう連中が異口同音に言ったことでありますが、もうがっかりするくらいに威張り散らして、そしてけちで、一向情容赦もない。昔の貴族院議員や衆議院議員の方が余程やさしくて、礼儀も正しく、欲がなかった。つまり裏切られた、というのでみんな呪詛《じゅそ》したものであります。

本当に自分が自分に反って、自分を修めるという生き方をしないと、当然そうならざるを得ない。それは人間の本質であり、学問・求道の根本であります。それを棚に上げた自己疎外・自己喪失、つまり自分に都合の好い外物を追う所謂功利主義、こういう思想・学問ではみなそうなるのです。今日の世の中、今日の思想・学問の傾向はその最も甚しきものと言わなければならない。

結局は教育の問題に帰する

そこで心ある者が集まっていろいろ論議したり、検討したりしておるのですが、ついこの間の晩も国政を有志が真面目に検討して、結局教育の問題に帰するということで、今日の教育・学問の在り方というものについて可成《かな》り真剣に話合が行われました。

なんと言っても教育・学問が改まらなければ、どうにもならぬことであります。自分が自分に反って、人間が人間に反って、自分を磨く、自分を養う、人間をつくる。これをやらなければ文明も駄目である、ということは分かっておるのですけれども、今日はおよそそれと正反対の方へいっております。学校などもまるで人間を、少年青年を粗製乱造する営利会社の様になってしまっておる。先ずこれをなんとかしなければなりませぬ。

しかしこれはなかなか言うべくして実際有効に改革するということは難しい。一つ早道の様に思われることは、英邁《えいまい》なる内閣が出来て、それを代表する総理とか文部大臣とかいうような人が謂《い》わば本当に正義の学徒となって、熱烈に厳粛に全国民に向かって教育・学問はこうなければならぬということを訴えたならば、これは相当に響くであろうと思う。

それでも要するにかけ声である。本当に大切なことは少し時間がかかるけれども、大なり小なり藤樹とか蕃山というような人達の思想・学問、こういう学問をする先生や生徒を一人でも多くつくることである、出ることである。

それは長い時間がかかるけれども、そのうちに必ず人生、民族・国家・世界を刷新する。すぐれた維新・革命の歴史をみても、最初は必ず少数の勝れた正しい精神・自覚を持った所謂志士が現われて、そういう人達が苦労して時代を大きく直しておる。迂遠な様であるけれども、それが最も根本であり、実は最も道が近い。従ってそういう人達と今の為政者や政府と気合が合えば、その時は見事に立直るに違いない。

天地発して人間の心となる

兎に角先ず自らが自らに反る。志ある人々が先ず自らに反って、石に躓けば、こんちくしょうと石を蹴飛ばさずに、自分が過ちであったことを省る、恥ずる。そういう心の持ち方、考え方でゆく。そして自分が本当の自分に反った時にはどうなるか。

藤樹先生の学問というものは殆どこれに対する回答でありますが、人は省みることによって、自らに反ることによって、はじめて心というものに触れることが出来る。他の動物も感覚や或る程度の意識は持っておるけれども、人間の様な複雑微妙な意識・精神、総称して心というものは持っていない。

やがて八月十五日の終戦記念日がやって参りますが、あの終戦の詔勅の中に「万世の為に太平を開く」というお言葉がございます。これは宋の名儒張横渠《ちょうおうきょ》という人の名高い格言の一つである。この句の前に三句ありまして、第一句は「天地の為に心を立つ」、その次は「生民の為の道を立つ」、第三句は「去聖の為に絶学を継ぐ」、問題は第一句の「天地の為に心を立つ」ということであります。

これはどういう意味かと言うと、つまり人間の心というものは天地・自然が人間を通じて立てたものである。自然は、天地は、何億年何千万年何千年といろいろ植物動物をつくったわけでありますが、その人間が五十万年もかかってやっと人間らしくなって、その人間の中にこの高邁な精神的存在、即ち心というものを発達させ、文明、文化らしいものをつくって先ず五千年と考えられておる。従ってわれわれが心を持っておるということは、言い換えれば天地が心を持っておるということです。われわれの心は天地の心である。天地が発してわれわれの心になっている。

顧軒の由来

実に深慮な徹底した考え方でありますが、藤樹先生もこの心学、先ず自分に反って、心を自覚されて、大にしては宇宙と人間を通ずる厳粛な理法を明覚にされようとしたのであります。

天の理法は絶対的なものであるからこれは命であります。それは心によって自覚される。だから明命であります。『書経』の中に「天の明命を顧みる」という有名な言葉があります。大学にもそれを承《う》けついで「諟《こ》の天の明命《めいめい》を顧みる」と書かれている。

先生は『書経』や『大学』、殊に『大学』は『孝経』と共に格別傾倒されたようでありますが、そういう学問をされることによって先ず天地、造化を通ずるところの厳粛な理法というものに気がつかれた。

それで先生は顧軒《こけん》と申しておられる。これには別に頤軒《いけん》とする説もありますが、恐らく考証学者も言う通りで筆書されてあるために、顧《こ》を頤《い》と読み違えて間違ったものと思われる。『易経』に「山雷頤《さんらいい》」の卦というのがあるので、益々そう考える人があるのだと思いますけれども、別に頤ということを『易経』に基づいて説かれたところもありませぬから、顧軒で正しいと思うのであります。

これが自覚明覚にともなって先生が到達把握された大事な問題であります。

心身不二

今日から申しますと、従来の哲学はみなこれに参じておるのであります。特に科学というものはこれは物質の面から、自然的存在の面から取組んだものである。最初のうちは科学の発見するものと、哲学やこれを信じ体得するところの宗教と矛盾するものが多かった。ところがだんだん科学が天の明命、自然の法則というものに深く入ってゆくうちに、両方が大分近づいて来たというか、次第に一致するようになって来た。近頃では間の抜けた余り勉強しない哲学者や宗教家よりも、真剣に物質を研究する科学者の方が天の明命を顧みて本当の哲学、信仰に入って来ておるものが少くない。これは現代の面白い特徴です。

例えば今迄病気というもの、胃病や肝臓病というものも、肉体の病気だと思っておった。ところがいくら診療を尽くしても治らぬ、薬が効かぬ。だんだん研究してゆくと、何ぞ知らんそれは本人の心の問題だということが判って来た。神経、精神の苦悶や衝撃、或はストレスといったものが胃を犯し、肝臓を痛め、心臓に及んでいるのである。従って本人の精神を直さぬ限りいくら薬をやっても駄目である。

そして考えてみると、胃潰瘍《かいよう》だの心臓病だのというものは身体の病気か心の病気か判らない。どこからどこまでが肉体で、どこからどこまでが心であるか、なにが心でなにが物であるか、という区別がなくなってしまった。

もう今日の自然科学では物と心の区別を認めない。そこまで科学の方が気づくようになった来た。学問の進歩というものは偉いものであります。

愛と敬

藤樹先生はこの自ら反ること、自ら明覚することによって、厳粛な宇宙造化、天地の理法に参ぜられた。藤樹先生名は原《はじめ》、字は惟命《これなが》でありますが、これは『書経』（太甲上）や『大学』にある有名な「この天命を顧みる」という言葉からつけられたのでありまして、これながと読むのが本当らしい。これがだんだん発展して先生の神道になる。三十才の時に伊勢の大廟へお参りになって、一層神道に対する思索と心境が発達して参ります。

この影響もあって、蕃山先生もやはり神道に入っておられる。蕃山先生はなかなか見識の高い人で、若し釈迦が日本に来られたら神道になるであろうとさえ言っておる。一見識であります。

藤樹先生は又人間というものを反省考察されて、人間の人間たる所以、人心の最も大事な要素・作用は愛と敬にあると言われておる。これは今日われわれが学問をし、実践をしてゆく上に於ても、やはり大事な根本原理でありますが、これが発達して先生の孝の学問・信念になったのであります。

中でも先生は特に敬というものを重んぜられた。愛は普遍的なもので、人間程発達しておらぬが、動物も持っておる。しかし敬は「天地の為に心を立つ」という造化の高次の働きであって、人間に到ってはじめて発達して来た心である。これは人間が進歩向上しようとする所に生ずる心であって、人間が理想に向かって少しでも進歩向上しようと思えば、必ず敬の心が湧く。湧けば又進歩向上することが出来る。これあるによって人間は人間たり得るのであります。

この辺は朱子学でも力説するところでありまして、藤樹先生も当時の縁で先ず朱子学に入られたが、その後王龍溪から王陽明の学に触れられて、中年に朱子学から陽明学へ傾いてゆかれた。

そして三十七才の時でありましたか、王陽明の全集を得て、はじめて先生の心の中にあって未だはっきり自覚意識するに至っておらなかった哲学・信念というものに明覚を与えた。それで世間では晩年の先生を陽明学と称するのでありますが、しかし先生が陽明学であるという意味は、自分の門戸を立てて、徒《いたず》らに人を排斥する様な人間の言う陽明学とは全然違う、ということをわれわれははっきり弁《わきま》えねばなりませぬ。

偽私放奢は亡国の因である

そこで話が現代に返りますが、今日の人間、今日の時代、今日の文明を救うにはどうすればよいか、よく人間喪失とか自己喪失とか申します。これを裏返すと、結局は敬を回復するということであります。人間をもう少しなんとか敬虔《けいけん》にするということです。

現代は人間が人間を見失い、自分が自分を見失ってだんだん機械化し、組織化し、大衆化し、従って動物化する。人間が人間でなくなるから、自然と人間の大事な資本である、例えば愛にしても敬にしてもみな亡ぼしてゆく、だらしがなくなる。これを汚れるとか頽《すた》れるとか言う。徒《いたず》らに物質的な満足・享楽・功利主義・享楽主義になって、その結果遊惰《ゆうだ》になる。現代の言葉で言えばバカンス・レジャー等というものの流行になる。

そういう生活は人間として真ではない、偽である。そういう偽の生活と私利私欲、自身の満足だけを求めるために、放埒《ほうらつ》になってしまう。その結果は贅沢ばかり考える。

昔からこの偽・私・放・奢の四つを国の四患と言っておる。この中の一つが目立っても国は傾く。四つ共目立つようになれば国は亡びる（荀悦《じゅんえつ》『申鑒《しんかん》』）と言われる程のものであります。

先生はこれを憂えられて愛と敬とを説かれた。愛と敬は先ず親子の関係からはじまる。そこで『孝経』を心読されて、これを講義し提唱されたのであります。今日もこの愛と敬を回復しなければ、日本も世界も救うことが出来ませぬ。

蕃山先生が『集義外書』の中に、秀吉公が奢侈贅沢《しゃしぜいたく》を民に教えてから、(即ち安土桃山の時代の奢侈の風でありますが)五、六十年程の間にすっかり民衆の風俗は頽《すた》れてしまったと慨歎《がいたん》しておりますが、確かにその通りであります。終戦後アメリカ文明の奢侈贅沢、レジャー・バカンスなどを教わってから、わずか十数年の間に日本人の生活がどうにもならぬくらいに頽れてしまった。この辺で敬虔な心を回復して、国民の心を引き締めない限り日本は立直れませぬ。

道徳と宗教

敬という心は、言い換えれば少しでも高く尊い境地に進もう、偉大なるものに近づこうという心であります。従ってそれは同時に自ら反省し、自らの至らざる点を恥ずる心になる。

省みて自ら懼《おそ》れ、自ら慎み、自ら戒めてゆく。偉大なるもの、尊きもの、高きものを仰ぎ、これに感じ、憧憬《あこがれ》、それに近づこうとすると同時に、自ら省みて恥ずる、これが敬の心であります。

少しでも高きもの、尊きものに近づき従ってゆこう、仏・菩薩・聖賢を拝みまつろう、ということが建前になると、これは宗教になる。省みて、恥じ、懼《おそ》れ、慎み、戒めるということが建前になると、道徳になる。

従って宗教という時には、道徳はその中にあるし、道徳という時には宗教がその中にある。決して別々のものではない。一体のものの表現を異にするだけに過ぎない。

よく宗教は道徳と違うとか、いや、道徳では駄目だとかいうようなことを申しますが、これは不徹底な、或は誤解された言葉でありまして、東洋では等しくこれを道と言う。道の現われ方によって或は道徳となり宗教となる。

敬とはお互いが感心し合うこと

そこで人間が人間に反った時の一番大事な内容は何かと言うと、心に愛・敬を持つということです。特に敬が大事であります。『論語』に「敬せずんば何を以てか別たんや」とあります。単なる愛だけで、敬がなければ動物と変らない。

この頃の夫婦、男女関係を見ていると、愛ということはしきりに論ずるけれども、敬するということは言わぬ。男女関係・夫婦関係に尊敬し合うということがなくなってきました。男女関係・夫婦関係の頽《すた》れる所以であります。愛するだけであるから、しばらくするとあらが見えて来て、どうしても駄目になり勝ちです。

敬があるということはお互い感心し合うということです。夫婦はお互い感心し合わなければいけない。ということは単なる肉体的・功利的関係では駄目だということです。純人間的関係、つまり精神的関係になって来なければ敬というものは生まれて来ない。

その点でいつも日本語に感心させられるのでありますが、日本人は愛するという
ことを参ったと言う。love とか lieben とかと世界にはたくさん愛するという言葉
がありますけれども、日本語が一番発達しておる。そもそも参ったということは敬
するということです。男が女を、女が男を尊敬してはじめて参ったと言う。単なる
愛ではない。

勝負をしてもそうです。負けた時に発する言葉は世界中大抵どこも同じで、こん
ちくしょう！　とか、糞《くそ》くらえ！　とかろくなことはないが、日本人は参ったと言
う。負けて頭を下げる、立派なことです。

愛するだの、惚れるだのというううちはまだまだ駄目でありまして、第一、惚れる
という字は忄偏に「ゆるがせ」「たちまち」と書いてある。心がぼけるような、す
ぐに変るというようなことではあてにならぬ。これからの日本の若いものは男女共
に相手に参らなければいけない。参らぬ様な恋愛はしない方が宜しい。

父は敬の対象・母は愛の対象である

同じ様に親子の間も、親は子に参り、子は親に参らなければならぬ。殊に親と言っても、父母には自ら分業があって、母は愛の対象、父は敬の方を分担するように出来ておるから、子供を偉くしようと思えば、先ず親父が敬するに足る人間にならなければならぬ。これが一番大事な事です。

藤樹先生の説かれた哲学は、決して子供の親に対する事だけを答えたものではない。しみじみ読んでおると、親父の役目は大事だなということが判る。ところが、藤樹先生の孝の哲学を説いた本は世間に沢山出ておりますが、このことに気のついておる註釈は甚だ少い。

成る程孝という文字そのものは、子供の親に対するものでありますけれども、それは表面だけの意味で、中へ入ってゆけば、父を敬することが一番の本筋であります。父の中に敬するに足るものを発見できることである。言い換えれば、父が敬せられるに足る人間でなければならぬということであります。

ところが小伜《こせがれ》の時にはこれがなかなか解らない。又親父も余程しっかりしないと伜に判らせられない。やはり子供というものは、死んだ親父の年くらいにならぬとよく親父が判らない。勿体《もったい》ないけれども、どうも順送りで仕方がない。

そこで死んだ親父のことを先考《せんこう》と言う。これは「考える」ということと同時に、「成す」という意味を持っている。何故亡き父を先考というか。親父が亡くなってみると、或は亡くなった親父の年になってみると、成る程親父はよく考えておった、と親の心がよく解る。まだまだ俺はできておらぬ。さすがに親父はよく考えてやって来た、と親父の努力、親父のして来たことがはじめて理解出来る。人間は考えてしなければ成功しない。考えてはじめて成すことが出来る。考成という語のある所以です。

と同様に死んだお母さんの事を先妣《せんぴ》と言う。妣という文字は配偶、つまり父のつれあいという意味と同時に、親しむという意味を持っておる。母というものは、亡くなった母の年になってみて、はじめて親父の本当のよき配偶であった、本当にやさしく親しめる人であった、ということが解る。所謂恋愛の相手とは違う。本当の愛、本当の女性、母・妻、というものは、亡くなった母の年になると解る。

だから子供はなるべく早いうちから親父の偉いところを見抜く努力がなければならぬ、少くとも志がなければならぬ。又親父も伜にそれを悟らせるだけの内容を持たなければならぬ。

ところが日本の家庭生活には、家庭は安息所なりという、誠に結構ではあるが、甚だ至らない通俗観念があって、子供は母の責任のようになってしまっておる。偉い子供が出ると、お母さんが偉いのだと、無暗に子供と母とを結んで、父というものを除外してしまっておる。家庭は親父の安息所という様な事になって長い間来てしまった。

殊に戦後は一層それが甚だしい。もう家庭に帰って来た親父というものは、文字通りひっくり返ったり、朝寝をしたり、酒をのんだり、どなったりして、敬するどころかあさましい動物的な親父になってしまった。名士などと言われる様な人になるともっと甚だしく、目の開いた父を見たことがないという子供がたくさんおる。親父が夜おそく帰って来る頃には子供は寝てしまっておる。子供が朝起きて学校へ行く頃には親父はぐうぐう寝ておる。

こういう家庭になっては駄目であります。つまり敬というものを知らぬ子供が出来る。愛は知っておるが敬を知らぬ。こういう子供は大成しよう筈はない。大きくなって必ず頽《くず》れる。

一体子供というものは実に鋭敏なもので、もう極めていとけない時から風邪を引いたり、はしかに罹《かか》ったりするのと同じ様に、家庭の人間、人々の在り方、心の動きを感じとるのです。この頃の児童心理学・教育学などというものもその点をくわしく調べて、子供は母親にまとわりついておる様だけれども、父というものには殊に敏感であるということを証明しております。

父というものは物を多く言わぬけれども、滅多に子供に干渉はしないけれども、父はどういう人であるかということを子供はよく直感しておる。そして常に本能的に父を模倣する。

愚かなる親は、子供が折角買ってやった可愛い靴や帽子を放ったらかして、親父の大きな帽子をかぶったり、靴を引っかけたりしておるのは、子供のふざけた可愛い仕種《しぐさ》の様に思うが、決してそうではない。あれは子供が親父たらんとして、敬意と自負心とを持ってやっておるのです。

子供は子供らしい帽子や靴だけで喜ぶものでは決してない。母親が喜んでおるだけです。子を知るは親に如かずと言うけれども、子を知らざるも亦親に如かずであります。要するに盲目的な愛情は堕落する。親と子の間に最も大事なものは敬である。これが藤樹先生の孝の学問であります。

蕃山先生の高い見識と深い学問

まあ、人間の縁というか、命というものでありましょうか、藤樹先生はこの小川《おがわ》村へひっこまれて、しかも早く亡くなられましたので、教育・徳化という面は別として、所謂社会的、政治的活動は余りされなかった。その点、弟子の蕃山先生とは大分違います。

蕃山先生はご承知の様に備州の池田藩に仕えて、実際政治を行われております。晩年不遇になられたのは、一面に於て幕府から睨まれたということも大いにあると考えられるのであります。蕃山先生の抱懐された政治的社会的見識、政策の立て方の根本も、藤樹先生と同様民を愛すると同時に民を敬するというところにあった。政治をやるものは単に外物を追う、利を求めるというような功利的なことではいかぬ。もっと徳に基づいた敬虔な政治をしなければならぬ。それには人物が大事であるという様なことから、政治の頽廃は為政者に愛・敬がないからであると論じられたわけでありますが、そういうことが差障りになった様であります。

実際先生の高い見識は、深い学問と思索から出ておりますから、今日のわれわれも往々にして衝撃を受ける。例えば、あの時代に於て已に日本の政治、日本の国体はいかにあるべきか、ということに対して徹底した識見を持っておられるのであります。

天皇は文字通り天地・造化の明命を代表される方であるから、実際政治に関与されるということは良くない。天皇を戴いて武家幕府というものが責任を以て現実政治を遂行する、つまり責任政治を行うのが一番よい。公卿・公家が幕府の代りをやると、数十年の内に天竺《てんじく》・南蛮の如く政権争奪の革命的問題（荒えびすと云っておられる）が起って来る、ということを論じております。

と言っても別に天皇を象徴にせよということではない。象徴というのは翻訳的な観念でありまして、蕃山先生の言う天皇は、現実の私利私欲の伴う権力沙汰の渦中から超越した、厳粛な真理の体現者にならなければならぬということであります。そして現実政治はその下の実際政治家に、つまり幕府に任す方がよいというのであります。

まあ、こういう偉大な哲人の学問を仔細に見て参りますと、到底古人の学問とは思えない。ことごとく今日の時代、今日のわれわれにひしひしと身にしむ生きた学問であります。こういう人、こういう学問、こういう生き方を、なんとかして現代に再び生かすことが大事である。

満で数えて三年後に、明治維新一百年の記念の年がやって参りますが、その間にせめて明治維新を立派に遂行した、又その精神的原動力になった先哲の人物・学問、その修業というようなものを出来るだけ国民に、特に青少年に解らせたい、という熱望をわれわれは持っておるのでありまして、それを各郷土郷土でやろうということで郷学と名をつけて、郷学振興ということを今奨励しておるのであります。

今日は先づその典型的な一例として藤樹・蕃山両先生の人となり、その学問・求道の骨子をお話申上げた所以であります。

先哲講座の回顧

安岡正篤先生と大阪

安岡正篤先生は、病床に在って「道縁は不思議だねえ」と繰り返され、逝去の前夜、固く私の手を握られて「道縁は無窮《むきゅう》だ」と言い遺されました。それから二十七年、年ごとにその感を深くするこの頃です。

先生は青年時代から国士として特異な存在でありました。終戦の詔勅《しょうちょく》が先生によって刪修《さんしゅう》され、平成の年号が先生の考案に由来することは周知のことです。しかし戦後間もなく、先生主宰の金雞《きんけい》学院は解散され、先生もまた公職追放になり、社会的活動を一切停止されたのであります。

大阪は先生の出身地であり、竹馬の友や恩師も多く、河内の山野に郷愁を感ぜられるのは当然です。特に同学によって早く、大阪箕面《みのお》の地に大阪金雞書院が設立され、各地から好学求道の士が蝟集《いしゆう》しました。私もまた学生の頃から親炙《しんしゃ》の幸運に恵まれたのです。しかしその主だった方々は、ほとんど追放の憂目にあって第一線を去ったのであります。

ただ先生は元来処士であり、追放されても救世の至情は微動だにもせず、厳重な監視の中にあっても、時々平然として西下されました。

昭和二十四年、在京の同志は、先生を顧問と仰いで師友会を結成されました。大阪でも早速これに呼応して師友会結成の準備会が持たれましたが、時期尚早で立ち消えになってしまいました。

青年と先哲講座

昭和二十六年、先生は追放が解除されることになりました。これは先生のためにはもとより日本のためにも甚だ慶賀すべきことはいうまでもありませんでしたが、一面、私ども若い門下にとっては急に別の不安が生じてきました。それは先生が再び天下の人として広く活動せられるようになれば、われわれ青年からは遠い存在となってゆくことでした。まことに身勝手な考えではあるが、当時は真剣でした。早速、同志十人が相寄って想を練り、代表が先生を訪ね、第一案である青年対象の定例講座を懇願したところ、幸に多弁を要せずして快諾を得ることができました。一同は夢かとばかりに喜び、直ちに準備にとりかかったのです。

その時の教示は我々に明確な方途を与えられました。現代の危局を敢然と乗り切るためには徒《いたずら》に焦燥することなく、人間の本質に直参して、自己の安心立命を求める真の学問に徹底することが先決である。そのためには古聖先賢に学んで自己の良知を触発するにあるとて、すでに東京で行われている「照心講座」と軌を一にして「先哲講座」と命名されたのです。

当時、物心両面の世話人として盟約を固めた同志は、三十歳前後の道心堅固な青年十名でありました。

ちなみに開講当初の先哲講座要項は、

目的　安岡正篤先生によって古賢先哲の学問思想を探求し、道友互いに切磋して自己良知の開発に努める。

会員　求道心旺盛な青壮年を正会員とし、五十歳以上にして特に熱烈に聴講を望む者を特別会員とする。

会費　正会員　月額　百円
特別会員　月額　二百円

講材　当方で用意

入会　入会は世話人並びに会員の紹介を要する。但し有源同人、素心、素行会及び師友会員はこの限りではない。

日時　先生の御来阪の都度、午後五時半から九時まで

開講は同志経営の料亭

昭和二十六年晩秋いよいよ開講の時は来ました。しかし当時大阪市内にはまだ焼跡が到る処に残り、雑草が茂るがままに放置されている状態で、われわれ青年の集会に自由に使える場所は極く稀でした。それに道学とか古典とかいうものに対しては無関心なばかりではなく、却って嘲笑反撥する時代相であり、会場は容易に見当たらなかったのです。

その頃、大阪府庁西側の焼跡に「三浦」なるかしわの水炊きを主とする料亭がありました。主人夫妻は旧知の間柄でありましたので、事情を話したところ忽《たちま》ち共鳴、一日休業して会場に提供してくれることになったのです。

世話人一同不安の中に当日を迎えましたが、参会者は予想に反して定刻前から続々詰めかけ、二十畳の会場は満員になり、早くも廊下にはみ出しました。講義半ばで整理をしましたが、溢れた聴衆は前栽に立ちつくす盛況でした。講義内容は

「学問の真義と先哲講座の精神」であったように記憶していますが、戦後絶えて聞くことのできなかった道味津々たる講話に一同感涙に咽《むせ》んだのです。司会者として甚だ意を強うすると共に、深遠な先生の学徳に今更の如く叩頭《こうとう》せざるを得ませんでした。

講座はいつも黒字

第二回目は広い会場を求めて各地を探しましたが、大阪市北区の焼跡に不思議に大きな建物が焼け残っておりましたのが由緒ある大阪天満宮でありました。会場にお願いすると意外にも快く承諾してくれたのです。そうして二十七年の初春に第二回が行われることになりました。講義室には、よく整った梅花殿という結婚式場が提供されました。講材は明治天皇の御愛読書『宋名臣言行録』でありました。講師と講材と講堂の調和を得ての講義に生涯の感銘を得たのは決して私一人ではありませんでした。

しかも、講後、意外にも宮司さんから大歓待を受けました。後で承るところによると、宮司寺井種長さんは、先生とは四条畷《しじょうなわて》中学校の同窓で、剣道部の先輩に当たるとのことがわかり、道縁の不思議に驚歎せざるを得ませんでした。尓来《じらい》、回を重ねるごとに聴衆は激増し、遂に大広間が開放されるに至ったのです。全員に座布団はもとより、寒い時には数十の火鉢を用意してくれる等、神社あげての至れり尽せりの待遇でありました。しかも会場費は一切取られない。ある時など御本殿にそっとお供えをして帰ろうとすると、忽ち見つけられ、「神様は受けるな」と申してお られると返されてしまったこともありました。

安岡先生にも謝礼は軽少ながら謹呈することになっていましたが、いつも返されますので、強いて差上げて臨講を断られては大変と、遂に考えないことを例にしてしまったのです。講材は常に天業社印刷所社長出間照久さんの義侠によって立派なものができました。一方会費は従前通り徴収しましたので、毎回相当の黒字になるという珍現象が起ったのです。

問学と酒徳

先生の講壇上に於ける風姿は端厳そのものであり、初心者には近寄り難い印象さえ与えることもありました。しかし先生の妙味は盃を傾けながらしみじみと語るところにあることを知る者は少ないのです。そこでできる限り講義後会食懇談の機会をつくるよう企画しましたが、いつも希望者が予定を遥かに超過して司会者の狼狽は一通りではありませんでした。

私の恩師の池永義堂先生も遥々《はるばる》紀南から参会されて次のような感激の詩を寄せられました。

列シ二先哲講座ニ一謁ス二安岡先生ニ一

私淑《スル》高風《ニ》方《ニ》有《リ》年　菅公廟裡侍《ス》經《けい》筵《えんニ》
忽《チ》忘《ル》世情紛々《ノ》事　一片《ノ》丹心想《フ》聖賢《ヲ》

又

菅公祠廟樹如《シ》煙《ノ》　同学迎《ヘ》師《ヲ》喜《ブ》勝縁《ヲ》
欲《ス》問《ハント》即今天下《ノ》事　縦横《ノ》經術聴《ク》樽前《ニ》

道は旧くして常に新しい

昭和三十二年、本講座の同人が母体となって、待望の関西師友協会が大阪に誕生しました。そして講座は世話人から講演委員会に受け継がれ、会場も大阪市内の近代建築の中に移されることになりました。

その間、世の風潮も次第に平静を取り戻し、古典の価値が再認識され、先哲の顕彰も各地で行われるようになりました。従って本講座に対する世人の眼も自ら一変したのです。旧くして新しきは道とはいえ、まことに今昔の感に堪えないものがありました。

第九十九回は、昭和四十年八月一日に、滋賀県小川村の藤樹書院で行われました。同学三百人近江聖人中江藤樹先生の霊前に額づき、安岡先生がまた藤樹・蕃山両先生を偲びつつ、人生の二大要素「愛と敬」について説かれました。藤樹書院近来の盛時だったということでした。

なお先生は追遠祭に於て

席上献詠

英雄ノ功業ハ世ニ喧傳ス　達スルレ道ニ人ハ知ル養フレ徳ヲ賢ナルヲ
千載蒼々雲水ノ外《ほとり》　依《い》々《いトシテ》来リ拝ス古堂ノ前

うつし世を忘れて遠き古の
　聖にまみゆけふのみまつり
かかること今にありけり友とちと
　大き聖の学びやにつどふ
忘らへぬひじりの跡に尋ねきて
　教を語るけふのたのしき

そうして十一月二十七日いよいよ第百回を迎え、盛大な特別講座を催し、記念として講録『活学』が上梓されたのであります。

感謝と熱禱

昭和三十二年、関西師友協会が結成されてから後は、同協会が引き継いで長く続講することになりました。

中でも同講の当初から一貫して講録を整理して、『活学』三編に集録できたのは三木雲外さんの労苦でした。そうしてそのすべてを懇切に先生がお目通し下さったのです。この両者の強固な無涯の御道情にたいしては全く感謝の言葉もありません。

今般、先生を久しく敬仰してやまない致知出版社の藤尾秀昭社長さんが一念発起されて、『活学講座』、『洗心講座』、それに『照心講座』の三冊に抄約して発刊されることは道の為まことに有難い極みです。

ここに於て往時を偲び、先生はもとより、多くの先輩同友諸兄姉の温顔が髣髴《ほうふつ》として瞼に浮んで止まるところがありません。

おわりに本書が、稀世の安岡先生の思想学問が永く世に滲透《しんとう》する縁《よすが》となりますよう熱禱する次第であります。

平成二十二年十一月

伊與田　覺

＊本書は関西師友協会より刊行された『活学』（昭和四十年発行）『活学　第二編』（昭和四十七年発行）『活学　第三編』（昭和五十七年発行）から六編を収録、再編集したものです。

＊現代の時代感覚に合わない箇所については、講話当時の時代背景を斟酌して一部分の改訂に止めました。

＊本文中にある「大意」「解説」は財団法人郷学研修所・安岡正篤記念館副理事長兼所長の荒井桂氏によるものです。

著者略歴
安岡正篤（やすおか・まさひろ）
明治31年大阪市生まれ。大正11年東京帝国大学法学部政治学科卒業。昭和２年㈶金雞学院、６年日本農士学校を設立、東洋思想の研究と後進の育成に努める。戦後、24年師友会を設立、政財界のリーダーの啓発・教化に努め、その精神的支柱となる。その教えは人物学を中心として、今日なお日本の進むべき方向を示している。58年12月死去。
著書に『日本精神の研究』『いかに生くべきか――東洋倫理概論』『王道の研究――東洋政治哲学』『人生、道を求め徳を愛する生き方――日本精神通義』『経世瑣言』『安岡正篤人生信條』ほか。講義・講演録に『人物を修める』『易と人生哲学』『佐藤一斎「重職心得箇条」を読む』『青年の大成』『活学講座――学問は人間を変える』『洗心講座――聖賢の教えに心を洗う』などがある（いずれも致知出版社刊）。

照心講座
古教、心を照らす　心、古教を照らす

平成二十二年十一月三十日第一刷発行

著　者　安岡　正篤
発行者　藤尾　秀昭
発行所　致知出版社
〒150-0001東京都渋谷区神宮前四の二十四の九
TEL（〇三）三七九六―二一一一
印刷・製本　中央精版印刷
落丁・乱丁はお取替え致します。（検印廃止）

ISBN978-4-88474-906-4 C0095
ホームページ http://www.chichi.co.jp
Eメール books@chichi.co.jp

致知出版社の好評図書

死ぬときに後悔すること25	大津秀一 著	一〇〇〇人の死を見届けた終末期医療の医師が書いた人間の最期の真実。各メディアで紹介され、二五万部突破! 続編『死ぬときに人はどうなる10の質問』も好評発売中!	定価/本体 1、500円
「成功」と「失敗」の法則	稲盛和夫 著	京セラとKDDIを世界的企業に発展させた創業者が、「素晴らしい人生を送るための原理原則」を明らかにした珠玉の一冊。	定価/本体 1、000円
何のために生きるのか	五木寛之/稲盛和夫 著	一流の二人が人生の根源的テーマにせまった人生論。年間三万人以上の自殺者を生む「豊かな」国に生まれついた日本人の生きる意味とは何なのか?	定価/本体 1、429円
いまをどう生きるのか	松原泰道/五木寛之 著	ブッダを尊敬する両氏による初の対談集。本書には心の荒廃が進んだ不安な現代を、いかに生きるべきか、そのヒントとなる言葉がちりばめられている。	定価/本体 1、429円
何のために働くのか	北尾吉孝 著	幼少より中国古典に親しんできた著者が著す出色の仕事論。十万人以上の仕事観を劇的に変えた一冊。	定価/本体 1、500円
スイッチ・オンの生き方	村上和雄 著	遺伝子が目覚めれば人生が変わる。その秘訣とは……? 子供にも教えたい遺伝子の秘密がここに。	定価/本体 1、200円
人生生涯小僧のこころ	塩沼亮潤 著	千三百年の歴史の中で二人目となる大峯千日回峰行を満行。想像を絶する荒行の中でつかんだ人生観が、大きな反響を呼んでいる。	定価/本体 1、600円
子供が喜ぶ「論語」	瀬戸謙介 著	子供に自立心、忍耐力、気力、礼儀が身につき、成績が上がったと評判の「論語」授業を再現。第二弾『子供が育つ「論語」』も好評発売中!	定価/本体 1、400円
心に響く小さな5つの物語	藤尾秀昭 著	二十万人が涙した感動実話を収録。俳優・片岡鶴太郎氏による美しい挿絵がそえられ、子供から大人まで大好評の一冊。	定価/本体 952円
小さな人生論1～4	藤尾秀昭 著	いま、いちばん読まれている「人生論」シリーズ。散りばめられた言葉の数々は、多くの人々に生きる指針を示してくれる。珠玉の人生指南の書。	定価/本体 各1、000円